7개 코드로 읽는 유럽 소도시

7개 코드로 읽는 유럽 소도시

윤혜준 지음

아날로그

개성 넘치는 소도시에서 찾은
유럽의 진짜 모습

이 책은 2021년 1월에 출간된 『7개 코드로 읽는 유럽 도시』의 '동생'이다. '7개 코드'는 두 책의 가족명, 성(姓)이다. 한 음절 단어인 돌·물·피·돈·불·발·꿈의 7개 코드는 하나같이 아름다운 순수한 우리말이다. 그 어떤 중국 한자어에도 연줄을 대고 있지 않다. 이 코드들은 유럽 도시 역사기행 안내자다. 이들은 각 도시에 서려있는, 또한 살아있는 과거와의 만남을 주선한다.

그러나 형제자매가 대개 그렇듯이 아우는 형님의 후광을 반기지만, 한편으로는 불편해하기 마련이다. 앞선 책과 상관없이 저 혼자서도 얼마든지 독자들을 만날 수 있다고 자부한다.

첫 번째 책에서 가봤던 도시들은 이번 여행에서는 한 군데도 들르지 않는다. 모두 새로운 도시들이다. 로마, 파리, 런던, 프라하 등 유럽의 대도시가 주축을 이룬 『7개 코드로 읽는 유럽 도시』와는 달리, 이번에는 '소도시'들만 등장한다. 한 도시에 두 번 가지 않는다. 총

50개의 도시를 방문한다.

'소도시'라고 하지만 유명한 도시들이 많다. 몇 만 명만 사는 한적한 시골 마을 같은 도시도 있으나 자존심 센 한 나라의 수도도 있다. '소도시'의 기준은 인구다. 제일 번잡한 도시라고 해봐야 시내 거주 인구가 50만 명이나 60만 명대로, 서울의 강남구 인구 정도다. 인구는 적지만 모두 개성이 뚜렷하다. 외모가 출중한 도시들도 여럿 있다.

'소도시' 여행은 나라의 수도들에 비해 역사의 소용돌이가 남긴 트라우마에서 비교적 자유롭다. 정치 투쟁의 흔적이 전혀 없는 것은 아니나 부제목에서 약속한 대로 '문화'가 더 많이 담겨있다. 문화기행은 여러 갈래로 펼쳐진다. 문학, 음악, 미술, 종교, 과학, 먹거리, 마실 거리, 모두 이 책에서 만난다.

이번 문화기행의 일정은 첫 번째 여행과 조금 다르다. 7개 코드의 배치가 달라진다. 먼저 인간에게 주어진 자연 조건인 돌, 물, 불이 독자와 동행한다. 인간의 몸과 혼에 거주하는 코드인 피, 발, 꿈은 후반부의 안내자다. 이 두 코드 묶음 사이를 인간이 만든 제2의 자연인 돈이 연결한다.

'유럽 소도시 여행'은 앞서 출간된 책에 비해 관심을 덜 받을지 모른다. '기왕이면 대도시, 국가대표 도시로 가야 제맛이지!'라고 생각할 독자가 많을 테니까. 그러나 유럽 도시의 본 모습은 이 작은 도시들에 담겨있다. 런던, 파리, 밀라노 같은 대도시만으로는 유럽의 본 모습을 만날 수 없다.

긴 말보다는 직접 가보는 게 나을 테니, 더 지체할 것 없이 함께 떠나보자.

차례

CODE 1   돌

CODE 2 물

CODE 3 불

CODE 4   돈

CODE 5 발

CODE 6　피

CODE 7 꿈

CODE 1

돌

정복자의 돌길을 걷는
남루한 정복자

필리포이 유적지에 남아있는 열주

 곳곳에 자신의 이름을 딴 도시를 세우려던 알렉산드로스
제국 팽창을 위해 정교하게 길을 닦았던 로마 제국
복음을 전하러 마케도니아로 향한 파울로스 일행
같은 길 위에 올랐으나 이들의 목적은 모두 달랐다.

기원전 334년. 그리스반도 마케도니아Macedonia의 한 도시. 대로를 지나가는 행렬의 끝이 보이지 않는다. 말 위에 앉아 칼을 든 늠름한 전사들과 선두에서 이 대병력을 이끄는 한 젊은 청년이 보인다. 그의 이름은 마케도니아 왕 알렉산드로스Alexandros. 긴 머리는 바람에 휘날리고 그의 부리부리한 눈에는 자신감과 광기가 묘하게 뒤엉켜 있다. 즉위 1년 만에 그리스 반도를 평정한 22세 청년 군왕은 이제 대제국 페르시아Persia를 정복하러 필리포이Philippoi(필리피Philippi)를 통과해 네아폴리스Neapolis로 향하는 중이다.

'필리포이'라는 지명은 그의 부친 필리포스 2세Philippos II의 이름을 따른 것이다. 부친은 이 도시를 제압한 후 이름을 바꿔놓았다. 아들의 야심은 페르시아를 굴복시킨 후 제국 사방에 자신의 이름을 딴 도시들을 세우는 것이다. 페르시아의 알렉산드리아, 인도의 알렉산드리아, 이집트의 알렉산드리아.

그로부터 약 2백 년 후. 필리포이로 들어가는 길에 수백 명이 늘어서 있다. 이들은 쉼 없이 허리를 굽혔다 폈다 반복하며 길바닥에 돌을 깐다. 2백 년이 흐르는 사이에 이 길과 필리포이의 지배자는 교체되었다. 알렉산드로스를 낳은 마케도니아를 비롯해 온 그리스를 칼과 창으로 정복한 새로운 강자 로마 제국으로. 로마는 정복을 위해 도로를 내고 또 냈다. 없던 도로는 새로 만들고 있던 도로는 새로 정비했다. 문명의 땅 그리스에는 쓸 만한 도로가 많았다. 로마인들은 알렉산드로스의 군대가 페르시아를 향해 진군했던 길을 활용했다. 이들은 그리스 북부를 서에서 동으로 관통하는 에그나티아 가도 Via Egnatia를 건설했다. 필리포이는 이 가도의 중간 지점에 있다.

로마인은 그리스인이 생각지 못했던 새로운 토목 기술을 적용했다. 심한 비에도 진흙탕이 되지 않도록 도로를 깔았다. 길을 낼 자리는 먼저 땅을 판다. 그리고 나서 그 속을 인근에서 구할 수 있는 돌들로 메운다. 표면에서 약 1미터 깊이까지 돌을 채운 다음에는 빈 틈새를 모래로 채우고, 그 위는 자갈로 덮는다. 자갈 위에 다시 시멘트를 바른 후 '숨마 크루스타summa crusta'라고 불리는 납작한 사각형 돌을 깔아 마무리한다.

이토록 정교하게 만든 도로는 로마 제국 팽창의 핵심이었다. 에그나티아 가도는 특히 중요했다. 가도의 종착점 비잔티움Byzantium까지 총 거리는 무려 1,120킬로미터. 이 도로를 장악해야만 그리스 및 지중해 동편을 지배할 수 있었다.

서기 50년 무렵, 정복의 길 에그나티아 가도는 전혀 다른 정복자들의 발길을 맞이한다. 인원은 겨우 4명. 무기는 전혀 들고 있지 않다. 남루한 옷차림의 여행자들은 소아시아에서 온 이방인이다. 이들은 네아폴리스에서 필리포이 쪽으로 걸어가고 있다. 알렉산드로스 원정대가 향한 방향과는 정반대다.

일행의 지도자는 이미 중년을 넘긴 유태인. 로마 시민권자이지만,

로마 제국이 건설한 정복의 길 에그나티아 가도

행색이 남루한 것이 마치 떠돌이 행상 같다. 그의 본명은 사울Saul이나 이름을 파울로스Paulos(바울)로 바꿨다. 이 네 명의 선봉대가 소지한 무기는 칼도 창도 아닌 '유앙겔리온euangelion'(복음). 하느님의 아들 예수가 이 세상에 와서 모든 인간의 죄를 대신해 십자가에서 죽은 후 부활했다는 소식을 전하려 이곳에 온 것이다. 파울로스는 아직 사울이던 시절 부활한 예수와 직접 만난 후 사람이 180도 변했다. 그가 전하는 예수 소식을 믿는 이들도 마찬가지로 전혀 다른 사람이 되었다.

　파울로스 일행이 처음부터 마케도니아로 올 계획이었던 것은 아니다. 자신들이 잘 아는 소아시아 쪽에서 예수의 복음을 전파하려 했으나 일이 잘 풀리지 않았다. 그러던 어느 날 밤 파울로스는 신비로운 환영을 본다. 그의 앞에 마케도니아 사람이 나타나더니 간곡히 부탁한다.

마케도니아로 건너와서 우리를 도와주십시오.
―「사도행전」 16장 9절

파울로스는 이것이 예수의 뜻임을 깨닫는다. 그러고는 동료들과 함께 트로아스Troas에서 배를 타고 네아폴리스에 상륙한 후 거기서 필리포이로 걸어간다. 필리포이에서 파울로스가 '기쁜 소식'을 전하자 그것을 믿는 이들은 유럽 최초의 기독교 공동체를 만든다. 그 이후 기독교는 온갖 박해를 받았지만, 로마가 건설한 가도를 타고 무서운 기세로 로마 제국 전역으로 퍼져나간다. 마침내 380년, 로마 제국은 기독교를 제국의 유일한 공식 종교로 인정하기에 이른다.

파울로스 일행이 유럽 최초의 예수 공동체를 세운 필리포이는 현재 유적지로만 남아있다. 카발라Kavála에서 자동차로 20분이면 닿을 수 있는 근거리다. 원형 경기장과 잘 다져진 석주는 한때 이 도시의 위용을 증언한다.

카발라는 네아폴리스의 현재 이름이다. 14세기에 오스만 제국에 편입될 때 이름이 이렇게 바뀌었다. 아름답고 한적한 휴양 도시, 카발라. 백사장이 넓고 바닷물이 맑다. 이 아름다운 항구 도시를 통해 유럽으로 예수 그리스도의 복음이 들어왔다. 이 사실을 기념해 동로마 비잔티움 제국이 네아폴리스를 다스리던 시절에는 도시 이름이 '크리스토폴리스Christopolis'(그리스도의 도시)였다.

카발라의 공중 전망

　네아폴리스에서 필리포이로 가는 에그나티아 가도가 일부 카발라 북쪽에 남아있다. 길고 긴 세월 숱한 발길을 견뎌내느라 돌들은 반들반들하게 닳아있다.

무슬림이 남겨놓은
돌기둥의 숲

코르도바의 랜드마크 메스키타 사원

 서고트인의 교회 위에 세워진 메스키타
무슬림 정복자들은 최고의 석조 모스크를 위해
세상의 모든 돌기둥을 이곳으로 불러 모았다.

'세상의 보석'. 이것이 1천 년 전 코르도바Córdoba의 별명이었다. 무슬림들이 오늘날 스페인 남쪽을 정복한 후 '알안달루스al-Anda-lus'(오늘날의 안달루시아Andalucía)라고 명명하고 다스리던 때가 있었다. 코르도바는 알안달루스의 중심 도시였다.

북아프리카 모로코Morocco에서 바다를 건너 이베리아Iberia반도에 상륙한 무슬림 군대는 막강했다. 이들은 스페인 땅을 알라신이 자신들에게 줄 선물이라고 굳게 믿었다. 원정대의 지도층은 아랍인이 주축이었으나 시리아와 예멘 사람도 뒤섞여 있었다. 그러나 압도적인 다수를 차지하는 종족은 모로코의 베르베르인이었다. 711년 용맹스럽고 잔혹한 베르베르인을 앞세워 무슬림 세력은 이베리아반도를 장악했던 기독교인 서고트 왕국을 쉽게 무너뜨렸다.

전쟁에서 이긴 무슬림 군대는 고향으로 돌아가 여자들을 데려올 생각이 전혀 없었다. 이들은 현지 여성을 아내로, 첩으로, 성 노예로 삼았다. 한두 세대가 지나자 알안달루스의 무슬림 지배층은 외모만 보면 중동이나 북아프리카에서 온 조상들의 후예 같지 않았다.

알안달루스 문화의 장점도 혼혈에서 나왔다. 이들은 지중해 동편에서 꽃폈던 그리스·로마 문명에 페르시아와 비잔티움의 문화를 가미해 이슬람식으로 포장했다. 알안달루스 통치자가 살던 코르도바의 랜드마크 메스키타Mezquita는 바로 이러한 '혼혈 문화'의 결실이다.

메스키타가 들어선 자리에는 원래 서고트인이 세운 교회가 있었다. 무슬림 정복자들은 유태교도와 기독교도에게는 너무 박하게 굴지 말라는 교주 무함마드의 가르침을 기억했기에 교회를 곧장 빼앗지는 않았다. 이들은 교회의 반쪽을 돈 주고 사서 모스크로 썼다. 그러나 세월이 흐르며 코르도바로 노획물과 노예가 모여들기 시작하자 이들의 야심도 덩달아 커졌다. 785년 아브드 알라흐만 1세Abd ar-Rahmān I는 교회의 나머지 반을 구매한다. 교회는 철거되고 모스크 건설이 시작되었다. 아브드 알라흐만 1세의 명령은 간단했다. "세계 최고의 석조 모스크를 건설하라!"

이 명령을 수행하기 위해 건축가와 신하들은 온 세상에서 돌기둥을 가져왔다. 스페인에 남아있는 로마 제국의 유적에서, 고트인이 세운 교회에서, 바다 건너 북아프리카에 남아있는 카르타고Carthago의 유적에서, 육로와 수로를 이용해 기둥을 운반해왔다. 비잔티움 제국 황제에게 부탁해 대리석 기둥을 기증받기도 했다.

사방에서 불러와 모아놓고 보니 기둥들의 색깔과 모양이 조금씩 달랐다. 기둥 높이가 제각각이라는 더 큰 문제도 있었다. 혼합과 절충의 대가인 알안달루스의 장인들은 이 문제의 해결책을 이내 찾아냈다. 기둥이 짧으면 밑에 돌을 더 깔거나 위를 코린토스Corinthos 양식 기둥머리로 덮었다. 그렇게 해서 기둥 높이를 모두 4미터로 맞춰놓은 후에, 두 기둥 위로 반원형 아치를 얹었다. 이 아치들은 붉은색

공중에서 내려다본 메스키타와 코르도바 전경

돌과 흰색 돌을 교차해 알록달록 말발굽 모양으로 모양과 색깔을 통일했다.

그렇게 탄생한 것이 코르도바 모스크의 독특한 풍경이다. 모스크 실내로 들어섰을 때 아치들이 끝없이 늘어선 기둥들의 어깨 위에 올라 앉아 밝게 미소 짓는 광경에 감탄하지 않을 사람은 없을 것이다.

모스크의 규모는 세월이 흐르며 점점 더 커졌다. 8세기부터 10세기까지 모스크가 확장될 때마다 기둥이 늘어났다. 현재 기둥은 800개가 남아 있지만, 코르도바의 전성기 때는 기둥이 1,200개 이상이었다. 그 규모로나 정교함으로나 감히 코르도바의 모스크와 견줄 만한 모스크는 무슬림 문명권 그 어디에도 없었다. '세상의 보석' 코르

메스키타 실내의 말발굽 모양 아치

도바에서도 가장 값진 보석이었다.

세계 최고의 모스크를 건설하고 확장하던 코르도바의 무슬림 왕들은 다른 면에서도 통이 컸다. 아브드 알라흐만 3세Abd ar-Rahmān III가 961년에 죽었을 때, 그가 살던 궁에는 3,750명의 노예가 살고 있었으며, 대궐 안에 지어놓은 연못에 사는 물고기들은 하루에 빵 12,000개를 먹어치웠다.

아브드 알라흐만 3세는 921년 기독교도와의 전투에서 승리하자, 적들의 목을 잘라 와서 코르도바 성벽 위에 전시하도록 명령한다. 모스크 안에서 수백 개의 기둥들이 예쁜 아치를 받치고 있는 '세상의 보석' 코르도바. 모스크 밖 성벽 전체에 빼곡히 늘어선 나무 막대기들 위에는 흉물스런 사람 머리가 수백 개 박혀 있었다.

코르도바의 영화는 그 후 한 세기 정도밖에는 더 유지되지 못했다. 기독교 왕국들이 아니라 같은 무슬림들이 문제였다. 수시로 베르베르인이 모로코에서 건너와 알안달루스를 헤집고 다녔다. 1013년에는 코르도바까지 진격해서 도시를 쑥대밭으로 만들었다. 수백 명의 시민을 죽였고, 저명한 학자 60명도 이들의 칼에 희생당했다. 이후 코르도바는 쇠퇴의 길로 접어들었다.

기독교도 병사의 목을 전리품으로 전시했던 코르도바의 무슬림 왕조는 1031년, 기독교 군대에게 도시를 내준다. 도시 한복판에 아름다운 모스크를 후대에 남겨준 채.

기울어진 탑과
굵주림의 탑

피사 대성당과 기울어진 종탑

 '피사' 하면 누구나 기울어진 종탑을 먼저 떠올리지만,
카발리에리 광장에는 굶주림으로 자식의 살까지 뜯어먹었다는
우골리노 백작의 한이 서린 '굶주림의 탑' 흔적도 남아있다.

이탈리아 피사Pisa의 명물 기울어진 탑. 직접 보지 않고도 이미 친숙한 '불가사의'다. 흰 대리석 기둥이 원을 이루며 한 층씩 버티고 있는 풍채도 곱지만, 이 탑이 세계적으로 유명해진 것은 기울어졌으나 무너지지 않은 자세 덕분이다. 이 명물은 피사 대성당의 종탑이다. 곁에 서 있는 대성당과 함께 봐줘야 직선 기둥과 아치를 조화시킨 로마네스크Romanesque 건축 기법의 면모를 음미할 수 있다.

대성당과 종탑을 착공한 11세기에 피사는 혈기 넘치는 젊은 도시 국가였다. 토스카나Toscana 해안 곁, 아르노Arno강 하구에 위치한 피사 공화국은 부유한 해상 강국으로 부상할 꿈에 부풀었다. 당시 스페인반도 남쪽에서 호사스러운 문명을 즐기던 이슬람 세력은(돌 2장 참조) 지중해 서부 섬들인 마요르카Mallorca, 사르데냐Sardegna, 코르시카Corsica도 지배하고 있었다. 1018년에 피사는 이탈리아 동부 해안의 또 다른 해상 공화국 제노바Genova와 힘을 합쳐 사르데냐의 무슬림 지배 세력을 축출했다.

이탈리아 남쪽 시칠리아Sicilia섬도 무슬림이 다스렸다. 1062년, 피사 공화국은 함대를 보내 시칠리아의 수도 팔레르모Palermo를 침공해 대승을 거둔다. 이때 가져온 노획물은 피사 대성당과 종탑 건설 프로젝트의 밑천이 되었다. 정벌 1년 후인 1063년에 피사 대성당 건축이 시작되었고 1173년에 종탑 건립에 착수했다.

탑을 올리기 시작한 지 얼마 되지 않은 1178년, 건축가들은 탑이 똑바로 서 있지 않음을 깨달았다. 기초 공사를 잘못한 것이었다. 약한 지반을 무시하고 겨우 3미터만 땅을 팠던 것이 화근이었다. 그러나 이 문제를 해결하려 손쓸 겨를이 없었다. 무슬림과 싸울 때는 같은 편이었던 제노바가 이제는 피사와 지중해 서부 해상권을 두고 치열하게 다투는 숙적이 되었기 때문이다. 게다가 내륙 쪽 아르노강 상류의 피렌체Firenze나 동부 해안 북쪽에 있는 루카Lucca는 피사가 번성하는 꼴을 가만히 두고볼 마음이 없었다. 사방에서 적들이 쳐들어오는 통에 종탑 공사는 중단되었다.

그러나 탑에게는 전쟁이 축복이었다. 공사를 멈춘 사이에 지반이 다져졌고, 탑은 기운 상태 그대로 고정됐다. 안보 걱정이 다소 줄어든 1264년부터 대리석을 모으기 시작해서 1272년에 종탑 공사를 다시 시작했다. 그로부터 100년 후인 1372년, 탑 공사는 드디어 마무리된다.

카발리에리 광장Piazza dei Cavalieri(기사 광장)은 피사 사탑에서 아르노 강변 쪽으로 약 500미터 거리에 있다. 피사가 바다를 주름잡는 공화국으로 부상할 시대의 중심가다. 이 광장에 서 있던 탑 하나에는 단테 알리기에리Dante Alighieri(1265~1321)가 『신곡La Divina Commedia』의 「지옥Inferno」(33곡)에서 전하는 으스스한 이야기가 얽혀있다.

지옥에서도 가장 죄질이 나쁜 범죄자인 반역자들이 꽁꽁 얼어 있는 얼음에 갇혀 있다. 이곳에서 한 죄수는 다른 죄수의 머리통을 질

루지에리 대주교의 머리를 씹어 먹는 우골리노 백작(귀스타브 도레 작품)

근질근 씹고 있다. 씹는 자는 피사의 귀족 우골리노Ugolino 백작. 그에게 영원히 머리통을 씹히고 있는 자는 루지에리Ruggieri 대주교.

피사의 권력을 잡은 루지에리는 자신의 정적 우골리노를 유인해 어두운 돌탑에 가둔다. 우골리노가 적국과 담합해 피사를 배반했다는 것이 죄목이다. 죄인뿐 아니라 그의 두 아들과 두 손자도 함께 탑에 가둔 후 문을 걸어 잠근다. 갇힌 자들은 그 안에서 굶어 죽는다.

비극은 거기에서 끝나지 않는다. 탑 속에서 굶던 우골리노는 자기보다 먼저 죽은 자식들의 살을 먹는 식인의 죄를 저지른다. 「지옥」

33곡에서 씹던 머리통에서 잠시 입을 뗀 후 우골리노의 영혼은 당시 정황을 설명한다.

나는 이미 눈이 멀어서, 이들의 몸을 더듬기 시작했어.
이틀 동안 아이들을 불렀지, 비록 죽었음에도.
그러다가 허기가 슬픔을 압도하고 말았어.

단테는 식인의 끔찍함보다도 처형의 잔혹함에 더 격노한다. 자식들까지 굶겨 죽이다니!

피사에 사는 인간들은 모조리 물에 빠져 죽어라!

우골리노를 가뒀던 탑은 토레 데이 괄란디Torre dei Gualandi로, 단테의 이야기 덕에 '굶주림의 탑Torre della Fame'이라는 별명을 얻었다. 오늘날 이 건물은 팔라초 델 오를로지오Palazzo dell'Orologio(시계탑) 안 돌벽 일부로만 남아있다. 우골리노 가족 3대가 그 탑에 갇혀 죽은 해는 1289년. 중단됐던 피사의 사탑 건설을 재개해 한참 진행하던 시기다.

단테의 저주가 그대로 이루어지는 않았으나 기울어진 종탑처럼 피사 공화국의 운명도 점차 기울어졌다. 피사 대성당 종탑을 완성한 지 한 세대 후인 1406년, 피사는 숙적 피렌체에 함락된다. 피렌체군에게 포위당했으나 꿋꿋하게 항전하던 피사를 무너뜨린 것은 내부

'굶주림의 탑' 흔적이 남아 있는 카발리에리 광장의 시계탑

의 적이었다. 공화국을 배반한 혐의로 우골리노를 처단했던 피사는 또 다른 배반자로 인해 마침내 몰락한다. 피렌체에 매수당한 피사의 지도자 한 사람이 밤에 몰래 성문을 열어준 것이다. 우골리노를 굶겨 죽였던 피사 공화국은 그렇게 최후를 맞이했다.

계곡에서 즐기는
마법 돌팔매질

피에솔레 무뇨네 계곡 사이의 작은 마을

피렌체의 대시인 단테조차 피에솔레 사람들을
탐욕스럽고 시기심 많고 교만하다며 낮춰 보았다.
하지만 보카치오는 『데카메론』에서 피렌체의 탐욕을 꼬집는다.
돈을 위해서라면 돌팔매질도 참아낼 사람들이라고.

피렌체 북쪽 산 위에는 피에솔레Fiesole라는 자그마한 도시가 있다. 피렌체 시내에서 버스로 30분 거리밖에 되지 않는 근거리에 있는 유구한 역사를 품은 소도시다.

피에솔레는 나이를 따지자면 오히려 피렌체보다 한참 선배다. 피렌체의 건립 연도는 기원전 59년인 반면, 피에솔레는 이미 기원전 283년에도 번듯한 도시였다. 로마인들은 기원전 2세기 무렵에 이곳 언덕에 아담한 원형 극장을 지었고, 기원전 1세기에는 바로 옆에 공중목욕탕을 설치했다. 오늘날 목욕탕은 무너진 돌벽들로만 알아볼 수 있지만, 원형 극장은 멀쩡하게 남아 있다. 그곳 객석에 앉으면 아래쪽 무대 뒤 사이프러스 나무들이 쭉쭉 솟은 사이로 부드럽게 기울어져 있는 언덕 풍광을 감상할 수 있다.

산 아래 피렌체는 산 위 피에솔레를 소유할 욕심에 잠을 못 이루었다. 인구가 늘고 번성한 피렌체는 마침내 1010년, 고지대의 피에솔레를 습격해 무참히 약탈했다. 1025년에 한 차례 더 괴롭히더니, 그로부터 한 세기 뒤에는 자치권을 빼앗았다.

피렌체인에게는 로마 시대부터 자신들보다 한발 앞서 도회 문명을 즐기던 피에솔레를 깔보는 버릇이 깊이 배어 있었다. 피렌체의 대시인 단테도 예외가 아니었다. 「지옥」 15곡에서 단테는 지옥 여행

피에솔레 원형 극장

중 어릴 적 스승이던 브루네토 라티니Brunetto Latini(1220?~1294)와 만난다. 옛 스승은 동성애자들을 벌하는 곳에서 불타는 바닥을 맨발로 걸으며 하늘에서 끝없이 쏟아지는 불비를 맞고 있다. 부르네토가 먼저 단테를 알아보고 말을 건다.

"너는 아직 살아있는 몸인데 어떻게 이곳에 왔니?"

끝없이 쏟아지는 불비로 얼굴이 누렇게 익기는 했으나, 말하는 자가 누구인지 알아본 단테는 놀라움을 금치 못한다.

"여기 계시다니요, 선생님?"

브루네토는 잠시 대오를 이탈한다. 스승은 제자에게 처신을 잘하라고 충고하며, 특히 피에솔레 출신들을 경계하라고 한다.

"오래전에 피에솔레에서 내려온 배은망덕한 사악한 무리들은 탐욕스럽고 시기심 많고 교만한 자들이야."

피에솔레로서는 매우 억울한 험담이다. '우리가 피렌체로 내려간 것이 아니라, 피렌체가 올라와서 우리를 못살게 굴지 않았나? 자기들이야말로 탐욕스럽고 시기심 많고 교만한 자들 아닌가!'

피에솔레 로마 유적에서 북쪽 언덕을 바라보면 산 아래쪽 사이사이로 작은 마을들이 보인다. 그곳 이름은 무뇨네Mugnone 계곡. 조반니 보카치오Giovanni Boccaccio(1313~1375)의 『데카메론Decameron』에는 탐욕스럽고 시기심 많고 교만한 피렌체 사람들 이야기가 이따금 등장한다. 이들이 서로 속이고 골탕 먹이는 일화들이 감칠맛을 더해준다. 무뇨네 계곡의 돌과 관련된 제8일차 세 번째 이야기도 그중 하나다.

날로 변화해가는 피렌체에서 성당과 수도원마다 성화 주문이 넘쳐난다. 화가들은 몇 명씩 한 조를 짜서 협업한다. 그들 중 브루노Bruno와 부팔마코Buffalmacco는 꾀가 많고 머리 회전이 빠르다. 반면에 이들과 같은 팀인 칼란드리노Calandrino는 어리숙하고 판단력이 흐리다. 똑똑한 동료 둘에게는 이 멍청한 친구를 놀리는 것이 삶의 큰 기쁨이다.

어느 날 칼란드리노는 무뇨네 계곡으로 '엘리트로피아elitropia'라는 신비한 돌을 찾으러 가자고 두 동료에게 제안한다. 브루노와 부팔마코의 친구 하나가 이 둘과 짜고 꾸며낸 이야기를 칼란드리노가 곧이곧대로 믿은 것이다.

헨리 페로네 브릭스, 〈엘리트로피아를 찾아서〉, 1819년

"엘리트로피아를 몸에 지니고 있으면 투명 인간이 된대! 투명 인간이 되어 피렌체 은행업자들의 금화를 싹 털자!"

칼란드리노는 명민함은 부족하지만 탐욕스러움은 그 누구에게도 뒤지지 않았다.

일요일 아침 일찍 칼란드리노는 두 동료와 함께 무뇨네로 향한다. 동료들은 그를 따라가며 묻는다.

"돌 모양과 색깔을 알아야 찾지?"

모양은 가지각색이지만, 색이 검다. 이것이 그가 아는 유일한 정보다.

무뇨네에 도착하자마자 칼란드리노는 검은 돌들을 보는 족족 게걸스럽게 줍기 시작한다. 이내 주머니마다 가득 채우니 더 이상 넣을 데가 없다. 이때 두 동료가 큰 소리로 외친다.

"어, 칼란드리노가 어디 갔지? 보이지 않네? 벌써 그 돌을 찾아서 먼저 떠난 거야?"

칼란드리노는 그 말을 듣자 자신이 진짜로 신비의 돌을 찾았다고 믿는다. 이에 집으로 발길을 재촉한다. 그의 동료들은, "우리를 따돌리다니! 만나기만 해봐라, 이렇게 돌 맛을 보여줄 테니!"라며, 칼란드리노의 등을 향해 돌을 던지기 시작한다. 칼란드리노는 자신이 투명 인간이 되었다고 믿기에 돌을 맞아서 아파도 아무 소리도 내지 못한다.

피렌체로 돌아갈 때까지 돌팔매질은 계속된다. 온몸에 무거운 돌을 지닌 채 등에 돌을 맞고 있는 칼란드리노. 그는 오직 일확천금을 긁어모으겠다는 일념에 사로잡혀 있다. '거금을 손에 쥐기 위해서라면 그 어떤 돌팔매질도 기꺼이 감내하리라!'

시시각각 달라지는
고딕 대성당의 표정

대성당이 보이는 루앙 전경

 같은 대상이라도 모습은 언제나 다르다.
모네에게 중요한 것은 루앙 대성당 그 자체가 아닌
시간에 따라 달라지는 빛이 주는 인상이었다.

클로드 모네Claude Monet(1840~1926)는 서양 미술사의 스타 화가 중에서 다른 것은 몰라도 생산성에서는 쉽게 1등을 차지할 것이다. 그는 1840년에 태어나 1860년대부터 그림을 그려 팔기 시작했고, 세기가 바뀌어 제1차 세계대전을 겪고 난 1920년대까지 그림을 그렸다. 그가 남긴 작품은 2,500점에 이른다. 이토록 놀라운 근면함은 가난에 대한 공포에서 비롯된 것일까? 그는 1868년 돈 걱정에 짓눌려 센Seine강에 투신자살을 기도한 적도 있었다. 그러나 돈 걱정에서 벗어난 후에도 생산성은 전혀 감소하지 않았다. 그렇게 많은 작품들을 남겼음에도 대부분의 작품이 명작 대접을 받기에 그의 창작 능력은 매우 경이롭다.

같은 대상을 연작으로 그리는 작업은 가장 모네다운 일이었다. 유사하면서도 다른 작품들을 연달아 만들어낼 능력은 모네만의 타고난 자산이었다. 1890년대 초 모네는 루앙 노트르담 대성당La cathédrale Notre-Dame de Rouen 건너편에 작업실을 차리고 이 건물의 외관을 연달아 그렸다. 총 서른 편을 그린 후 이중에서 스무 편을 골라놓고 미술품 도매상을 작업실로 불렀다. 그중 여덟 편은 전시장에 내걸기 전에 이미 팔렸다. 이 그림들은 오늘날 프랑스, 미국, 독일, 스위스, 일본 등 전 세계 미술관으로 흩어져서 각자 귀인 대접을 받고 있다.

모네, 〈루앙 대성당 연작〉 1,
1892~1894년

모네, 〈루앙 대성당 연작〉 2,
1892~1894년

모네가 그린 루앙 대성당은 건물의 한쪽 얼굴이다. 주 출입구인 서쪽 문과 그 왼편에 있는 생 로맹Saint-Romain 탑을 대각선에서 바라 볼 때의 모습을 화폭에 담았다. 그림과 그림의 차이를 빚어내는 것 은 빛. 아침과 저녁, 화창한 날과 흐린 날, 각기 색채가 다르다. 물 론 그 어떤 날씨에도 성당의 돌 외벽 색깔은 바뀔 리 없다. 노르망디 Normandie 캉Caen 지역에서 쉽게 구할 수 있는 석회석들은 수백 년째 맑은 베이지 색조를 띠고 있을 따름이다.

어차피 '인상파' 화가들은 대상의 모습을 상세하고 정확하게 화폭에 구현할 의무에서 스스로를 해방시켰기에 루앙 대성당 자체가 중요한 것은 아니었다. 게다가 모네는 무신론자. 대성당을 기도와 참회, 미사와 속죄의 용도로 사용할 일이 없었다. 그가 대성당을 이용한 방식은 특이하고도 특수했다.

대성당 한쪽을 바라보고 앉아 있는 화가에게는 흐르는 시간에 따라 변하는 빛이 주는 '인상'과 느낌이 예술적 소재다. 놀라운 생산력을 자랑하는 모네에게도 루앙 대성당의 다양한 '인상'을 표현하는 일은 만만치 않은 작업이었다. 대성당이 핑크색, 파랑색, 노란색으로 변해서 자신을 향해 무너져 내리는 악몽을 여러 번 꾸었다. 끝없이 변하는 빛을 정지된 모습으로 고정시킨다는 일 자체가 얼마나 무모한 시도였는지를 인정하지 않을 수 없었다. 그럼에도 그는 작업을 멈추지 않았다.

모네처럼 먼 거리에서 대성당의 파사드façade(건축물의 주출입구가 있는 전면부)에 자신의 느낌을 덧칠하는 대신 그가 그린 서쪽 출입구에 가까이 다가서면, 모네의 명화에서는 물감에 뭉개져 전혀 드러나지 않은 형체들과 마주친다. 가운데 문 위쪽으로 세 개의 아치가 겹쳐 있다. 거기에는 돌로 새겨진 인물들이 가득하다. 메시아Messiah 예수의 사역을 예언한 선지자들이다. 문 바로 위에는 예수의 계보가 조각되어 있다. 문 양쪽 기둥, 한 면에 세 명씩 서 있는 석상들은 성서의 인물들이다. 양편 문에도 예수의 삶과 성인들의 행적이 새겨져 있다.

대성당에 들어가지 않고 문 앞에만 서 있어도 이 건물이 지어진

루앙 대성당

목적과 용도를 이내 파악할 수 있다. 이곳은 다른 고딕Gothic 양식의
대성당들과 마찬가지로, 돌을 깎고 정제한 모습으로 기독교 교리를
전해준다.

노르망디의 중심 도시 루앙의 대성당은 모네의 그림이 아니더라
도 미묘한 변화와 친숙하다. 원래 그 자리에 있던 로마네스크 양식

의 교회를 헐고 고딕 양식으로 재건축한 것이 12세기이나, 그 후로 꾸준히 세월이 흐르며 16세기 말까지 조금씩 그 모습이 형성되고 또한 변화했다. 모네가 그린 서쪽 출입구는 12세기에 처음 지은 모습이 아니다. 13세기에도 손을 댔고, 또한 14세기 말에는 이전 모습을 지우고 새로 출입문 위와 옆을 장식했다.

서쪽 출입구 곁에 서 있는 생 로맹 탑도 12세기에 지었으나 15세기에 훨씬 더 정교한 상층부를 그 위에 얹었다. 모네의 연작에서는 잘 보이지 않는 오른쪽 탑은 1506년에 완공된 전형적인 후기 고딕 양식이다. 루앙 대성당을 멀리서 볼 때 가장 눈에 띄는 것은 대성당 가운데 지붕 위로 쭉 솟아 있는 십자가 첨탑이다. 높이 151미터. 훤칠한 키의 이 구조물은 모네의 화폭에서는 전혀 볼 수 없다. 이 첨탑도 몇 차례 모습이 바뀐 결과물이다. 13세기에 처음 지은 탑이 16세기에 불타자 다시 나무와 납으로 지었으나, 이 탑도 19세기 초에 화마가 삼킨다. 마침내 그 어떤 불도 견뎌내도록 1882년에 철과 구리로 탑을 만들었다.

모네가 루앙 대성당을 그리던 1890년대에도, 루앙 사람들은 7백년 된 석조 대성당의 고운 석회석벽과 전혀 맞지 않는 거무튀튀한 색의 철탑을 올린 것을 몹시 불경스럽고 못마땅하게 여겼다. 그러나 모네는 루앙 시민들의 여론이 어떻든 달아나기 십상인 예술적 영감을 붙잡아놓기 위해 자신과의 투쟁에만 여념이 없었다. 그에게는 루앙 시민들의 여론 같은 데 신경 쓸 겨를이 없었다.

2천 년을 이어온
대리석 객석의 열광

아레나를 포함한 베로나 시내

 로마 제국 시기 검투사의 피 묻은 칼을 보며 환호하고
20세기 〈아이다〉의 아름다운 아리아에 눈물을 흘리며
2000년간 베로나 아레나의 박수소리는 끊이지 않았다.

베로나Verona 시내 건물들의 외벽은 온통 핑크색과 흰색 석회석으로 덮여있다. 이탈리아 유명 도시 중에서도 유독 색깔이 곱다. 베로나는 인근 발폴리첼라Valpolicella에서 나는 이 예쁜 돌들을 가져와 마음껏 건축 자재로 썼다. 아름다운 석조 도시 베로나는 길거리도 사뭇 청결하다. 베로나의 역사는 중세와 르네상스 시대 지배자들의 피비린내 나는 암투로 얼룩져 있으나, 이들이 남겨준 도시의 외관은 단아하고 깔끔하다.

베로나 한가운데 브라 광장Piazza Bra 한복판은 로마 원형 경기장이 차지하고 있다. 베로나 사람들은 이곳을 그냥 '아레나arena'(원형 경기장)라고 부른다. 아레나는 기원전 30년경에 완공되었다. 건축 재료는 발폴리첼라에서 캐온 핑크색과 흰색 석회석. 후손들이 르네상스 시대에 지은 건물들과 같은 석재다.

베로나의 아레나는 로마의 콜로세움보다 규모는 작지만 위풍당당하다. 최대 2만 5천 명까지 수용할 수 있는 장대한 시설이다. 게다가 보존 상태가 매우 양호해서 2천 년 전에 만든 대리석 돌계단 좌석을 지금도 사용한다.

로마 제국에서 베로나의 경기장은 근사한 구경거리가 풍족하기로 유명했다. 로마인들이 좋아하는 마차 경주도 열렸으나 가장 짜릿한 공연은 사람이 사람 죽이는 놀이였다. 로마의 지식인이자 정치인 가이우스 플리니우스 세쿤두스Gaius Plinius Secundus(23~79)는 생전에 많은 편지들을 썼다.

> 자네가 지원해서 개최한 검투사 공연을 베로나 사람들이 매우 고맙게 여겼고 반응이 열광적이었다네.

그는 친구 발레리우스 막시무스Valerius Maximus에게 이렇게 썼다. 베로나 출신의 부인이 사망하자 그리스 지방에 총독으로 가 있던 막시무스는 큰돈을 털어 죽은 아내를 애도하기 위해 대규모 검투사 경기를 베로나에서 개최하도록 한다. 이 편지는 베로나까지 올 수 없었던 친구에게 플리니우스가 경기 소식을 알려주려고 보낸 것이다. 경기에 대한 반응은 좋았으나 한 가지 문제가 있었다. 아프리카에서 표범들을 여러 마리 사서 보냈건만, 제때 도착하지 않아 경기에서 사용하지 못한 것이다.

사람이 야수와, 사람이 사람과 목숨 걸고 싸우던 아레나는 태어난 지 약 천 년 후인 1117년에 지진으로 심하게 망가진다. 이때 원형 극장의 바깥쪽 벽은 거의 다 무너지고 일부만 남았다. 지진이 해체해놓은 핑크색 석회석들은 공공건물이나 저택을 짓는 데 사용되었다. 오늘날 아레나의 얼굴이 된 2층짜리 원형 벽은 원래 이 건축물의 주인공이 아니라, 핑크색 돌로 지은 외벽을 지탱하는 조역들이었다.

중세와 근세 시대에 이 원형 극장에서는 갑옷 입은 기사들이 창

들고 서로 솜씨를 겨루는 '지오스트라giostra'가 열렸다. 기독교 문명 시대라, 고대 검투사 경기와 달리 무사끼리의 대결이건만 살상이 아니라 우아한 광경을 연출하는 게 목적이었다. 그러나 짐승 죽이는 놀이만은 오랜 세월 이어졌다. 단, 값비싼 아프리카 표범 대신 쉽게 구할 수 있는 황소가 주인공이었다. 황소를 살육할 임무는 검투사 대신 사냥개들에게 주어졌다.

오랜 세월 싸움 놀이를 보러 관객들이 모여들던 베로나 아레나는 20세기에 들어와 전혀 새로운 모습으로 탈바꿈한다. 1913년 8월 10일, 아레나는 야외 오페라 공연장으로 변신한다. 첫 작품은 주세페

1913년 베로나 아레나에서 공연된 오페라 〈아이다〉 입장권

〈아이다〉 악보 표지(1872년경)

베르디Giuseppe Verdi(1813~1901)의 〈아이다Aida〉. 오토네 로바토Ottone Rovato 기획, 베로나 출신 테너 조반니 제나텔로Giovanni Zenatello 주연, 베르디 탄생 100주년 기념 공연이었다. 검투사 경기장이던 아레나에서 우아한 오페라를 매년 여름 공연하는 예술 축제가 개시되는 역사의 출발점이었다.

〈아이다〉는 고대 북아프리카가 배경이다. 이집트는 에티오피아와 한창 전쟁 중이다. 이집트의 군을 이끄는 장군은 라다메스Rad-ames. 그는 포로로 잡힌 에티오피아 공주 아이다와 사랑에 빠진다.

이집트 왕? 아니면 아이다? 누구에게 충성할 것인가? 〈아이다〉는 비극이다. 해피엔딩은 절대 금물. 라다메스는 아이다를 선택하고 이집트의 영웅은 반역죄인으로 추락한다. 그리고 그녀와 함께 죽음을 맞이한다.

베로나 아레나는 예술의 성전으로 새롭게 태어나기 위해 고대 이집트를 무대에 재현했다. 2천 년 전 같은 곳에서 관객들에게 갈채를 받던 인물 중에는 이집트 알렉산드리아 검투사 훈련소 출신들이 있었다. 이들은 검투사 중에서도 실력이 뛰어난 엘리트들로 인정받았다. 베로나에서 발굴된 묘비석 중 하나에는 이들 중 한 인물인 게네로수스Generosus가 무려 27회나 혈투를 벌였으나 한 번도 패배한 적 없이 멀쩡히 살아남아서 자연사했다고 적혀있다.

'청아한 아이다'Celeste Aida. 〈아이다〉를 대표하는 이집트 장군 라다메스의 아리아가 베로나 아레나에 울려 퍼진다. 노래가 끝나자 대리석 객석에서 우레와 같은 박수가 터져 나온다. 2천 년 전 이곳에 운집한 사람들은 적을 찌른 이집트인 검투사의 피 묻은 칼 앞에 환호하고 열광했다.

적과의 화해,
역사의 화합

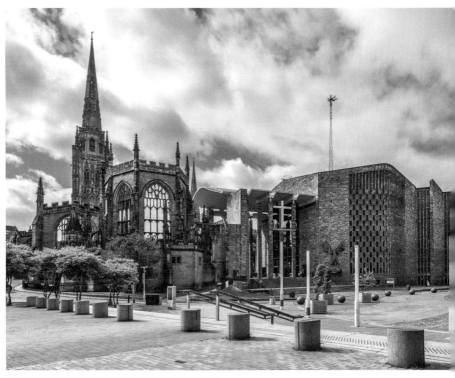

배즐 스펜서의 설계로 신축된 오늘날의 코번트리 대성당

  1940년 독일군에 폭격당한 코번트리 대성당 제단에는
'아버지여, 용서하소서'라는 두 글자만 적혀있다.
파괴와 학살을 일삼은 우리 모두가 용서받을 죄인이다.

코번트리Coventry는 영국의 유명 관광 도시가 아니다. 하지만 여행객의 발길이 자주 닿는 곳으로 아주 낯선 도시는 아니다. 그것은 스트랫퍼드어폰에이번Stratford-upon-Avon 덕분이다. 이곳은 영문학의 대표 작가 윌리엄 셰익스피어William Shakespeare(1564~1616)의 고향 마을로, 그의 생가가 보존되어 있고 셰익스피어 작품 공연 전용 극장도 세워져 있다. 셰익스피어 덕에 번성하는 이 관광 명소에 가려면 코번트리에서 시외버스를 타고 가는 것이 제일 편리하다.

코번트리에는 오랜 역사가 배어있다. 영국이 로마 식민지이던 시절부터 코번트리 인근은 문명의 축에 들어가 있었다. 11세기부터는 본격적인 시장 도시의 모습을 갖추기 시작했고, 14세기에는 모직 도매 시장으로서 중세 영국의 주요 도시 대열에 합류했다. 장사가 잘 되고 돈이 쌓이는 이곳에는 볼거리도 많았다. 셰익스피어가 난생 처음 연극 공연을 보았던 곳은 고향 마을에서 가장 가까운 도회지인 코번트리였을 것이다.

그러나 오늘날 코번트리를 거닐면 이 도시의 유구한 역사가 잘 감지되지 않는다. 제2차 세계대전 때 중세 구도시가 독일 공군의 폭격으로 사라졌기 때문이다. 당시 코번트리에는 엔진과 포탄 등 전쟁에 필수적인 물품을 생산하는 공장이 많았다. 독일이 표적으로 삼을 이

유는 충분했다.

코번트리가 전쟁과 파괴를 기억하는 방식은 매우 독특하다. 코번트리의 랜드마크인 대성당은 14세기에 붉은 사암으로 지은 건물이다. 높이 90미터에 이르는 첨탑은 그때나 지금이나 코번트리에서 가장 키가 큰 구조물이다. 현재 이 대성당은 폭격 때 파괴된 모습 그대로 서있다. 첨탑과 돌벽 일부만 남아있는 형태로.

1940년 11월 14일 오후 2시경, 영국군은 무려 515대의 독일 폭격기가 영국을 향해 날아오고 있음을 파악한다. 처음에는 런던으로 날아오리라 예상했으나, 적들은 런던보다 조금 위쪽을 향해 날아간다.

"폭격기가 노리는 도시는 군수 공장이 있는 코번트리입니다!"

경비병이 급하게 무전기로 알리지만 영국 공군은 적과 맞설 능력이 없다.

독일 폭격기들이 코번트리에 근접할 때쯤 날이 저문다. 어두운 하늘 위로 밝은 달이 떠오른다. 유난히 밝은 보름달. 구름 한 점 없다. 이 폭격 작전의 이름은 '월광 소나타Mondscheinsonate'다. 달빛을 받으며 도착한 독일 공군은 먼저 수도, 전기, 소방소 등 도시 기반 시설에 고폭탄을 떨어뜨려 제구실을 못하게 만든다. 그다음 차례는 화염 폭탄. 폭격기들은 동에서 서로, 다시 서에서 동으로, 도시 위를 횡단 비행하며 마음껏 폭탄을 떨군다. 도시는 이내 불바다로 변한다. 소방차들은 속수무책이다. 상수도 시설이 파괴되었기에 소방 호수는 무용지물이다.

밤늦게까지 이어진 폭격으로 코번트리의 민가 절반이 파괴된다.

고색창연한 중세 코번트리 구시가지 건물의 삼분의 일은 자취를 감춘다. 그날 밤 사망한 시민은 568명. 또 다른 863명은 목숨은 건졌어도 폭격으로 심각한 부상을 입은 채 남은 생을 살아야 했다.

화염 폭탄은 코번트리 대성당에도 떨어진다. 도시의 한가운데서 500여 년 동안 서있던 아름다운 고딕 건물을 불길이 집어삼킨다. 11월 15일 아침, 뜨는 해에 모습을 드러낸 코번트리 대성

1940년 11월 14일 독일군의 폭격으로 폐허가 된 코벤트리 대성당

당. 본체는 모조리 사라지고 첨탑과 외벽만 남아있다. 남은 외벽의 붉은 돌들은 아직도 뜨겁게 달궈져서 훅훅 열기를 내뿜는다. 이 처참한 잔해를 어떻게 처리할 것인가? 대성당 운영위원장 리처드 토머스 하워드 신부Richard Thomas Howard(1884~1981)는 고민하는 위원들에게 제안한다.

코번트리 대성당의 제단

"이 모습 그대로 보존합시다. 전쟁이 끝난 후에도 전쟁의 상처를 기억하도록. 또한 화해의 상징이 되도록."

하워드 위원장은 폭격이 남겨놓은 대성당 제단에 단 두 글자만 새겨놓는다.

아버지여, 용서하소서Father, Forgive.

예수가 십자가에 매달려 외친 "아버지여, 저들을 용서하소서"(「누가복음」23장 34절)에서 목적어 '저들을'을 뺀 문구다. 용서의 대상은 독일군만이 아니라 영국인 자신들이기도 하다. 파괴와 학살의 도구를 빚어낸 현대인 모두가 용서받을 죄인이다.

1950년, 전쟁의 상처가 어느 정도 아물자 대성당 측은 신축 건물안을 공모했다. 치열한 경쟁을 뚫고 당첨된 배즐 스펜스Basil Spence(1907~1976)의 설계가 채택되었다. 스펜스는 옛 건물 잔해에 새로운 건물을 그대로 연결해서 지을뿐더러, 원래 대성당 건축에 사용되었던 같은 사암 석재로 본체를 건축했다.

스펜스의 새 대성당은 겉으로만 보면 붉은 사암으로 지어진 구대성당 첨탑의 돌들과 색과 질감이 같기에 마치 같은 시대, 같은 손길이 지은 것 같은 착각을 불러일으킨다.

20세기에 세워진 코번트리 대성당은 자신을 파괴한 적을 용서함으로써 화해를 지향했다. 또한 갈라진 역사의 화합도 추구했다. 인류 구원의 십자가를 가슴에 품은 대성당을 지은 14세기. 하룻밤에 도시 하나를 처참히 뭉개버린 20세기. 고딕 양식과 모더니즘이 같은 석재로 손을 맞잡은 코번트리 대성당은 이 두 시대의 화합을 구현한다.

CODE 2

물

고대인은 목욕,
근대인은 댄스

바스의 로마식 공중목욕탕

영국섬을 정복한 고대 로마인은 서쪽 지역 온천에 주목했고
주변에 목욕탕과 신전을 함께 지어 휴양지를 건설했다.
5세기에 로마인은 떠났지만, '바스'(목욕)라는 지명을 남겼다.

로마의 역사가 푸블리우스 코르넬리우스 타키투스Publius Cornelius Tacitus(56?~120?)는 『아그리콜리아의 삶과 죽음De vita et moribus Iulii Agricolae』에서 자신의 장인인 그나이우스 율리우스 아그리콜라Gnaeus Julius Agricola(40~93)의 치적을 다음과 같이 기술했다.

아그리콜라 총독은 이 사나운 야만인들에게 집 짓는 법을 가르쳤고, 추장들의 아들들에게 라틴어를 교육했다. 이들은 이내 로마의 언어를 능숙하게 구사하게 되었다. 또한 로마식 의복을 입고 살았다. 아울러 목욕탕을 즐기는 법도 배웠다.

타키투스가 말한 야만인들은 누구일까? 당시 영국섬에 살던 켈트 인종인 브리튼족이다. 로마는 이들을 무력으로 정복했으나 정복의 완성은 문명의 몫이었다. 로마식 공중목욕탕 테르마이thermae는 유럽 변방 섬나라 영국에 이식된 로마 문명의 극치였다. 돌로 시설을 만들어 그 안에서 날씨와 상관없이 목욕을 즐기는 삶은 브리튼족이 꿈에도 생각하지 못한 새로운 세계였다.

영국 잉글랜드 남서부의 바스Bath는 영국을 지배한 로마인이 지어 준 목욕탕 겸 신전 덕에 생겨난 도시다. 강수량이 풍족한 영국섬에서도 특히 서쪽은 비가 더 많이 온다. 바스 인근 멘디프 구릉Mendip Hills이 받아놓은 빗물은 석회암 밑 지하 3천 미터에서 4천여 미터까지 스며들어 지하에서 지열로 데워진다. 이 물이 다시 석회암의 틈새를 타고 솟아올라와 온천을 이루는 곳에 로마인들은 도시를 세우고 '아쿠아이 술리스Aquae Sulis'(술리스의 물)라고 불렀다.

브리튼족은 이곳 온천의 여신 '술리스'를 섬겼다. 로마 정복자들은 토착 여신을 로마의 여신 미네르바Minerva와 동일 인물로 간주하고서 바스 곁을 지나는 에이번Avon 강가에 술리스 미네르바Sulis Minerva 신전을 지어주며 공중목욕탕도 같이 만들었다. 그러고서는 토착 유지들을 훈계했다.

바스 로마 공중목욕탕을 내려다보고 있는 조각상

"온천의 여신은 목욕을 하며 섬겨야 해!"

로마의 토목 기술자들은 참나무 막대기를 온천 주위에 박아 질편한 지반에 영향을 받지 않도록 조치한 후, 온천 주위에 돌로 목욕실을 만들었다. 배수로는 안에 납을 칠해 물때가 끼지 않도록 했다. 목욕 시설이 완비된 후 예술가들이 술리스 미네르바 여신상을 비롯한 조각과 석조 장식으로 이곳저곳을 치장했다. 이로써 로마 제국 어디에 내놓아도 손색없는 전형적인 로마 목욕탕으로서의 면모를 갖추게 되었다. 이때가 약 2세기경으로, 욕조는 열탕, 온탕, 냉탕 세 군데로 나뉘어 있었다. 음식을 즐기며 담소할 방과 여신에게 경배를 할 방들도 물론 마련되었다.

오늘날 바스의 로마 목욕탕을 둘러본 방문객들은 이렇듯 놀랍게도 잘 지어놓은 시설이 매우 잘 보전되었음에 놀란다. 긴긴 세월을 지금과 같은 그런 모습으로 버텨낸 것일까? 아니다. 로마인들이 영국섬에서 물러간 5세기 이후, 목욕탕 겸 신전은 급속히 망가지기 시작했다. 사태가 심각해지자 에이번강은 긴급 조치를 취한다. 심한 홍수를 일으켜 토사로 이 유적지를 덮어버린 것이다. 6세기경에 영국 땅을 정복하고 정착한 앵글로·색슨족은 이곳의 로마 목욕탕을 발견하지 못했다. 눈에 띄는 것이라고는 신전의 기둥 몇 개뿐이었을 테니. '아쿠아이 술리스'라는 이름도 잊히고 이곳은 '바스'로 불린다.

오랜 세월 토사 밑에서 잠자던 바스의 로마 목욕탕은 19세기부터 조금씩 움찔거리기 시작한다. 1878년 바스의 건축가 겸 고고학자 찰스 에드워즈 데이비스Charles Edwards Davis(1827~1902)가 로마 목욕탕의 흔적을 발견하고 발굴에 착수했으며, 1897년에 처음 부분적으로 발굴된 유적이 공개된다. 그러나 로마 목욕탕이 신전과 함께 옛 모습 그대로 다시 복원된 것은 20세기 후반부다. 1978년에서 1983년에 걸쳐 대대적인 발굴 작업이 이어졌다. 찾아낸 조각상들을 세워놓고 원래의 모습에 최대한 가깝게 복원해놓은 이들은 20세기 고고학자들이다. 바스의 명소 로마 목욕탕은 20세기가 제조한 최신 관광 상품이다.

아직 로마 목욕탕 겸 신전이 사람들을 끌어들이지 않던 18세기에도 바스는 영국 최고의 관광 명소였다. 잘 차려입은 신사 숙녀들의 발길이 끊이지 않았다. 이름부터 '목욕'인 바스에 온천물로 목욕하러 온 사람들이었을까? 온천 시설이 있기는 했으나 목욕이 주된 목적은 아니었다. 18세기에 경제적으로 여유 있는 사람들은 사교용 건물 '그랜드 펌프룸Grand Pump Room'에 들러 낮에는 만병통치약으로 알려진 광천수를 마셨다. 저녁에는 같은 건물로 다시 와서 '예식 마스터'인 보 내시Beau Nash(1674~1761)가 주관하는 댄스파티를 즐겼다. 내시는 그랜드 펌프룸을 짓자는 아이디어를 낸 장본인이기도 하다. 그는 18세기 바스를 관광 명소로 만든 주역이었다.

내시의 본명은 리처드Richard로, 미남이라는 뜻의 '보beau'는 별명이다. 그가 당대 패션을 주도한 최고의 멋쟁이임을 인정해준 칭호다. 내시는 패션을 리드할 뿐더러 젊은 남녀의 운명에도 개입했다. 사교 파티 기획자 내시는 바스에 사람들이 도착하면 재산과 평판, 집안 배경에 따라 어떤 모임에 초대할지 정했다. 바스 방문객 중에

18세기 사교의 장이었던 그랜드 펌프룸

는 혼인 연령의 딸을 데리고 온 유한층이 많았다. 댄스파티에서는 반드시 남녀 숫자가 맞아야 했다. 춤 짝짓기는 혼인 짝짓기로 연결되는 통로였다.

'미남' 내시는 남들의 결혼에는 도움을 주었으나 본인은 한 여인에게 묶이는 삶을 사양했다. 그는 파트너와 추는 사교댄스의 고수였을 뿐만 아니라 사생활에서도 파트너 교체의 고수였다.

언덕 위 요새의
화려한 물 잔치

그라나다 알람브라 궁전

메마른 아프리카에서 온 알안달루스의 무슬림들은
무슨 일이 있어도 알람브라 궁전을 지키고 싶었다.
사시사철 흐르는 맑은 물을 포기할 수 없었기에.

이베리아반도 남쪽을 차지한 알안달루스 무슬림들의 생활은 화려하고 사치스러웠다(돌 2장 참조). 그러나 이들의 세력권은 기독교 왕들의 공세에 밀려 11세기부터 점진적으로 줄어들었다. 알안달루스의 중심 도시가 코르도바에서 남쪽 세비야Sevilla로, 다시 세비야에서 더 남쪽 그라나다Granada로 내려갔다. 그라나다까지 내어주면 무슬림들은 다시 메마른 아프리카로 돌아가야 할 처지였다.

그럴 마음이 전혀 없었던 그라나다의 지배자들은 고지대에 요새 겸 궁궐을 짓는다. 그 이름은 알람브라Alhambra, 아랍어로 '붉은 궁'이라는 뜻이다. 건설 착수는 890년에 했으나 본격적으로 확장하고 꾸민 것은 13세기다. 기독교 왕들에게 이 아름다운 궁을 빼앗긴 연도가 1492년이니, 유럽이 중세를 벗어나 근세의 문턱에 들어설 때까지 이베리아반도 남쪽 한구석은 무슬림 왕국으로 남아 있었다.

그라나다 왕국이 장수할 수 있었던 비결은 언덕 위에 지은 요새 때문만은 아니었다. 이 도시의 지배자들은 그다지 야심이 크지 않았다. 그저 조용히 문명 생활을 즐기고 싶었을 뿐이다. 이들은 기독교 왕들과의 충돌을 피했고 가급적 타협과 협상을 택했다. 생존을 위해서는 기독교 왕에게 조공을 바치기도 했다. 이교도 세력과는 목숨을 걸고 싸우는 것이 알라의 뜻이라고 믿는 다른 무슬림 국가들은 이

알람브라 궁전의 연못 '사자의 안뜰'

같은 그라나다의 비겁함을 조롱했다.

온갖 조롱과 모욕에도 이들이 그라나다를 지킨 이유가 있었을까? 이 질문에 대한 답은 짧고도 분명했다. 물. 이 지역의 흘러 넘치는 물이 모로코 사막이 키워낸 베르베르인의 마음을 강렬히 사로잡았다. 눈 덮인 하얀 봉우리들을 자랑하는 시에라네바다Sierra Nevada산맥에서 발원하는 강물이 비옥한 평원을 항상 촉촉하게 적셔주는 녹지. 산자락 곁 언덕에 지은 알람브라는 산에서 흘러내리는 물을 마음껏 이용하면서 동시에 아래쪽 평지를 느긋하게 감시할 수 있는 위치였다.

알람브라 궁전을 짓고 언덕 위 맑은 공기와 시에라네바다산맥의 계곡물에 매료된 무슬림들에게 흐르는 물은 일상생활의 든든한 반려자였다. 맑은 물을 마시고 물로 몸을 씻는 것은 물론, 배설물 처리도 물의 몫이었다. 궁전 침실 화장실 대리석 변기 밑으로는 늘 빠른 물살이 흘러 지나갔다.

알람브라에서는 생활의 편의뿐만 아니라 화려함을 추구하는 건축 예술에서도 돌과 물을 조화시킬 방법을 모색했다. 궁전 건축가들은 잔무늬로 장식한 아치 기둥이 감싸는 뜰 안에 연못을 지었다.

무슬림 지배자들이 이 아름답고도 편리한 알람브라 궁전을 무슨 일이 있어도 남에게 내주고 싶지 않았던 것은 당연하다. 그라나다의 시인 이븐 잠락Ibn Zamrak(1333~1393)은 알람브라를 다음과 같이 찬미했다.

이곳에 서서 잠시 아래를 둘러보라.
도시는 신부처럼 물과 꽃을
목에 두르고 반짝반짝 빛나는구나.
아 알람브라(알라가 보호하시길!)
그대는 화관 같은 도시에 얹은
루비 보석이구나!

그라나다의 루비 알람브라의 정수는 연못이다. 두 연못 중 하나는 멋진 사자 머리 분수 덕에 '사자의 안뜰Patio de los Leones'로 불리는데, 오늘날에는 더 이상 물이 흐르지는 않는다. 오늘날까지 잔잔한

알람브라 궁전의 연못 '은매화 안뜰'

물이 담겨 있는 '은매화 안뜰Patio de los Arrayanes'은 알람브라 궁전의
주인들이 물과 얼마나 섬세한 사랑을 나누었는지를 생생히 증언한
다. 원형 받침 위에 세워놓은 작은 분수에서 물이 솟아나면, 직사각
형 연못으로 물이 흘러들어간다. 분수의 물은 흘러내리며 잔잔한 목
소리로 보는 이에게 말을 건다. 분수의 물을 받은 연못은 하나의 거
대한 거울로 변신한다. 연못 사방의 기둥과 연못 끝 위쪽으로 서있
는 궁궐의 망루가 사각형 연못에 고스란히 담긴다.

　알람브라 연못을 바라보며 시인의 찬사를 듣던 무슬림들이 떠난
지 오랜 세월 후, 알람브라 연못의 물소리를 묘사한 아름다운 연주
곡이 탄생했다. 클래식 기타 연주곡 〈알람브라 궁전의 추억Recuerdos

de la Alhambra〉. 19세기 말 스페인의 기타 연주가 겸 작곡가 프란시스코 타레가Francisco Tárrega(1852~1909)가 1899년 자신의 후견인과 함께 그라나다에 여행가서 알람브라를 구경했던 추억을 담아 만든 곡이다. 이 곡은 음 하나하나의 수명이 그리 길지 않은 기타에서 한 음을 연속해서 세 번씩 손톱으로 치는 트레몰로 기법으로 연주한다.

타레가에게 영감을 준 것은 '알람브라'의 원뜻대로 붉은 성벽은 아니다. 알람브라 궁전을 지은 무슬림의 화려함과 사치를 떠올리는 이국적 색채를 표현할 의향도 별로 발견되지 않는다. 곡을 마무리하는 마지막 아르페지오에 이를 때까지 단 한 번도 멈추지 않는 트레몰로의 물살. 잘게 떨리듯 이어지는 음의 흐름이 잔잔히 흐르는 알람브라의 분수를 추억하고 있음을 짐작하기는 어렵지 않다.

타레가의 〈알람브라 궁전의 추억〉은 알안달루스의 마지막 무슬림 왕궁 알람브라의 분수와 연못의 언어를 모든 사람이 모든 시대에 알아들을 수 있는 화음과 선율로 번역해 전한다.

물 많은 도시,
운하 교통의 허브

레이던 시내 전경

"사람들이 오고 가는 길이 꼭 육지일 필요는 없지.
도시 구석구석을 흐르는 강을 이용하면 어떨까?
배로 물건을 실어 나를 수 있다면 사람도 가능하겠지!"

라인Rhein(네덜란드어로 '레인')강 하구에 자리 잡은 레이던Leiden은 물 많은 네덜란드 도시 중에서도 유달리 물이 풍부하다. 도시 면적의 약 6퍼센트를 강과 운하가 차지하고, 도시를 관통하거나 에워싸는 수로의 길이는 총 28킬로미터, 다리는 88개나 있다.

레이던 방문객은 유람선을 타고 이 도시를 물 위에서 감상한다. 그뿐만 아니라 환경 보호에 민감한 네덜란드 도시답게 전기 보트를 임대해서 레이던 구시가지를 가로지르는 니우어레인Nieuwe Rijn과 아우더레인Oude Rijn을 비롯한 운하들을 자유롭게 떠다니는 즐거운 경험도 가능하다.

이 운하들의 이름을 들으면 생각나는 인물이 있다. 렘브란트 판 레인Rembrandt van Rijn(1606~1669). 레이던이 낳은 네덜란드 황금기의 대표 화가로, 그는 20대 중반에 암스테르담Amsterdam으로 이주해서 활동하다 그곳에서 죽음을 맞이했다. 레이던에 렘브란트가 그림을 배웠던 집이 보전되어 있지만, 렘브란트 마케팅에서 레이던은 그의 명작들을 소장한 암스테르담과 견줄 수는 없다.

렘브란트를 키우는 데에는 레이던의 물도 한몫했다. 그의 부친은 물방앗간을 운영하며 아들을 먹여 살리고 교육시켰다. 아버지는 아들이 레이던에서 법률가가 되기를 바랐으나 아들은 화가로 살길을 찾아 암스테르담으로 떠난다.

사실 레이던도 렘브란트만큼이나 야심이 큰 도시였다. 물방앗간이나 돌리며 사는 데 만족할 성격은 아니었다. 네덜란드 도시들이 이 지역을 지배하던 스페인 왕실에 무력으로 맞서 독립을 선언하고 공화국을 결성한 16세기 말에서 17세기 초, 레이던은 레인 강가 작은 읍의 신세에서 벗어날 기회를 얻는다. 일단 새로운 공화국의 정신적 지도자들을 배출할 대학을 1575년에 레이던에 유치했다. 하지만 쓸 돈이 많지 않은 학자와 학생들의 소비에 큰 기대를 걸 수는 없었다.

"대학도 좋지만 공장이 있어야지!" 레이던 유지들의 뜻은 한곳으로 모인다. 레이던은 이때까지도 문명 수준이 앞서 있던 플랑드르 지역의 직물 제조 기술자들을 대거 유치하는 데 성공한다. 스페인 군대의 만행에 질려 스페인 왕으로부터 독립한 도시로 이주하려던 이들을 유리한 조건을 내세워 끌어온 것이다. 심지어 영국으로 망명 가 있던 플랑드르 기술자들까지 불러올 정도로 새로운 산업 생산 기지로 거듭나려는 레이던의 열정은 뜨거웠다. 그 결과 1582년에서 1622년 사이 레이던의 인구는 무려 375퍼센트나 폭증한다.

도시에 이주자가 몰려들자 주택난이 심각해졌다. 임대료가 치솟자 어렵게 모셔온 플랑드르 기술자들의 불만이 커졌다. 레이던의 급격한 발전을 시기하는 네덜란드의 다른 도시들은 임대료와 집값에 불평하는 플랑드르인을 데려가려는 물밑 거래에 착수했다. 이를 묵과할 수 없었던 레이던 도시 정부는 서둘러서 새로운 택지를 개발하

레이던을 가로지르는 운하

고 주택 건설에 박차를 가했다.

경쟁자들을 따돌리고 대학 도시 겸 어엿한 산업 도시로 등극한 레이던은 북동쪽의 암스테르담과 남쪽의 로테르담Rotterdam, 이 두 항구 도시를 잇는 교통의 허브로 부상할 기회를 엿본다. 1630년대가 되자 급속히 발전하는 네덜란드 도시들 사이로 사람들이 오고 가는 횟수도 급격히 늘어난다. 이에 부응하기 위해 새로운 운하 건설 기술이 등장한다. 사람들을 태운 바지선을 정기적으로 운영해보면 좋지 않을까? 새로 태어난 젊은 공화국 네덜란드는 이 아이디어를 즉각 실현하는 데 주저하지 않았다.

1632년, 암스테르담에서 하를럼Haarlem까지 인류 역사상 최초로

사람을 싣고 다니던 바지선 트렉스하이트

화물이 아닌 사람을 싣고 다니는 운하 노선이 개통된다. 최대 30명을 태울 수 있는 홀쭉한 바지선 '트렉스하이트trekschuit'로 운하 '트렉바르트trekvaart'를 왕래했다. 바지선은 운하 곁에 만든 길로 튼튼한 말이 끌고 갔다('트렉'은 '끌기'라는 뜻이다).

승객 전용 운하는 성공이었다. 말이 끌고 가니 속도는 약 7킬로미터로 빠른 편은 아니었으나 육로로 마차를 타고 가는 것에 비해 안전하고 편안했다. 무엇보다 가장 큰 장점은 정시에 출발해 정시에 도착한다는 것이었다. 시간이 돈인 비즈니스맨에게 이보다 더 좋은 교통수단은 없었다.

운하는 자연 수로도 이용하지만, 두 도시 사이를 가급적 최단 거리가 되도록 직선으로 팠기에 토목 공사 비용이 만만치 않았다. 비용 회수 가능성을 고려해야 했기에 공화국 정부는 도시들이 원한다고 선뜻 건설 허가를 내줄 수는 없었다. 레이던에 차례가 온 것은 암스테르담-하를럼 노선이 개통된 지 4년 후인 1636년에 이르러서였다. 여러 강줄기가 도시 지역을 지나는 레이던으로서는 운하 건설이 그다지 어려운 일이 아니었다. 이해에 레이던과 델프트Delft 노선이 완공되었고, 2년 후에는 덴 하흐Den Haag(영어로는 헤이그Hague)까지 연장되었다. 마침내 1657년, 레이던과 하를럼 사이 운하가 개통되자, 로테르담에서 레이던으로 와서 레이던에서 하를럼을 통해 암스테르담까지 운하로만 여행할 수 있는 수로가 열렸다.

로테르담에서 델프트까지 운하 바지선은 새벽 5시부터 매시간 출발했다. 델프트에는 1시간 45분 후에 도착했다. 델프트에서 레이던까지 가는 배는 하루 9회 있었고, 여행 시간은 3시간이었다. 레이던에서 하를럼으로 가는 배도 하루 9회 있었다.

돈을 좀 더 내면 야간 배를 탈 수도 있었다. 이 노선을 선택하면 저녁 8시에 레이던을 출발해서 새벽 6시면 암스테르담에 도착할 수 있었다. 좁은 배 안에서 새우잠을 자야 했지만, 이윤 추구에 헌신하는 17세기 네덜란드의 사업가들에게는 암스테르담에 도착하자마자 곧장 비즈니스를 시작할 수 있다는 점이 더없이 매력적이었을 것이다.

파도와 함께 태어나
파도 곁에 잠들다

해안가 성벽으로 둘러싸인 생말로

프랑스 낭만파 문학의 선구자 샤토브리앙,
평생을 역사의 험한 파도를 타고 떠다니던 그는
썰물 때만 열리는 생말로의 작은 섬 그랑베에 잠들었다.

프랑스 북서부 노르망디 해안가에 오뚝 솟아 있는 섬 몽생미셸Mont-Saint-Michel은 멋진 사진 남기기가 여행의 목적인 사람들이라면 반드시 들르는 명소가 되었다. 육지에서 섬까지 길은 물이 밀려오면 바다가 된다. 썰물 때만 걸어갈 수 있다.

몽생미셸의 우글거리는 관광객들을 떠나서 자동차로 한 시간 정도 해안선을 따라 내려가면 브르타뉴Bretagne의 해안 도시 생말로Saint-Malo에 닿는다. 생말로에도 밀물 때 길이 닫히고 썰물 때 열리는 작은 섬이 있다. 이름은 그랑베Grand-Bé, 도시 해안에서 약 500미터 떨어진 곳에 있다. 인기로 치면 몽생미셸과 비교할 수 없으나, 이 섬은 프랑스 혁명이 촉발한 역사의 파도를 기억하는 이들에게는 특별한 의미를 갖는다.

19세기 프랑스의 작가 프랑수아 르네 드 샤토브리앙François Auguste René de Chateaubriand(1768~1848)이 이곳에 묻혀 있다. 검소한 화강암 돌 십자가만이 유일한 장식이다. 그의 파란만장한 삶과는 사뭇 대조된다.

파도 곁에 잠들어 있는 샤토브리앙이 생말로에서 태어났을 때 그를 맞이한 것은 파도 소리였다.

썰물 때만 길이 열리는 생말로의 그랑베섬

　　다음은 1848년 그가 세상을 떠난 후 출판된 자서전『무덤 너머의
회상Mémoires d'outre-tombe』의 한 구절이다.

　　　　내가 태어나자 나의 울음소리는 폭풍이 들쑤셔 놓은 파도 소
　　　　리의 고함 속에 묻혀버렸다.

　　문인이자 정치인, 외교관이자 언론인인 그는 귀족 가문의 막내아
들로 태어났다. 부친은 그를 바다로 내보내 운명을 개척하도록 할
계획이었으나 내성적이고 섬세한 아들의 성격과는 맞지 않았다. 그

는 성년이 된 해인 1788년에 프랑스 왕과 왕비를 알현하고 왔지만, 그다음 해 프랑스 혁명이 발발한다. 그가 귀족 가문 혈통 덕을 볼 기회는 역사의 밀물과 함께 쓸려나간다.

귀족 청년은 처음에는 '자유, 평등, 박애'라는 혁명의 근사한 구호에 마음이 끌렸으나 혁명에 대한 환상은 오래가지 않는다. 혁명 주도 세력은 권력을 잡자마자 교회와 귀족들의 재산을 몰수하기 바빴고 반대 세력을 가차 없이 죽였다. 목숨이 위태로울 수 있는 처지인 샤토브리앙은 프랑스를 떠나 대서양을 건너 미국으로 간다.

1년 후 대서양의 파도는 그를 다시 프랑스로 돌려보낸다. 조국 땅을 밟자마자 그는 반혁명군에 가담한다. 그러나 그는 적군 하나 죽여보지 못하고 큰 부상만 당한 채 다시 바다에 몸을 싣는다. 파도는 그를 이번에는 영국에 데려다 놓는다. 영국에서 빈곤한 망명 생활을 하며 여러 해를 보내던 그는 1800년, 프랑스 혁명이 나폴레옹 1인 독재 체제로 바뀌자, 다시 배를 타고 프랑스 해안으로 돌아온다.

그리고 1802년 『기독교의 정수Génie du christianisme』를 출간한다. 젊은 날 미국을 돌아다닌 경험을 배경삼아 쓴 소설 「르네René」와 「아탈라Atala」도 이때 함께 발표한다. 독자들의 반응은 열광적이었다. 교회를 파괴하고 기독교를 조롱하던 프랑스 혁명가들의 극단적 행각에 신물이 난 많은 이들은 기독교가 서구 문명을 지탱하는 문화와 예술 그 자체이며, 얼마나 자상하고 아름다운 종교인지를 설득한 샤토브리앙의 저서에 깊이 공감했다.

새로운 시대 분위기를 선도한 샤토브리앙은 그 이후 당대 최고의

생말로 그랑베섬에 있는 샤토브리앙의 무덤

문인으로, 공직자로, 유명 인사로, 험난한 프랑스 역사의 밀물과 썰물을 버텨낸다. 나폴레옹의 제국이 몰락하고 왕정이 복고되고, 다시 왕정이 몰락하고 '시민 왕' 체제로 바뀌는 격동기에, 그는 자신의 소신에 따라 새로운 권력자들과 협력하기도 했으나, 이들을 호되게 비판한 탓에 사이가 틀어질 때가 훨씬 더 많았다.

샤토브리앙이 프랑스는 물론이요, 유럽의 대표적인 지성으로 추앙받던 1828년, 그가 태어나서 자란 생말로의 시장은 이 항구 도시에 건설할 새로운 조선소에 그의 이름을 붙일 수 있도록 허락해달라는 편지를 보낸다.

"우리 도시의 자랑 샤토브리앙 선생님을 그렇게 기념하자는 것이 시민들의 뜻입니다."

샤토브리앙은 정중하게 사양했다. 대신 도시 앞 작은 섬 그랑베에 자신이 묻힐 조그마한 땅을 내줄 수 없느냐고 제안한다.

시 당국으로서는 놀랍게도 소박한 부탁이었으나, 그 섬이 해안 침투를 막는 생말로 방벽 앞이라 군사 당국의 반대에 부딪힌다. 그러나 몇 년간의 설득 끝에 1831년 시장은 다시 그에게 편지를 보낸다.

"선생님이 원하신 대로, 태어나신 생가에서 몇 발자국 떨어지지 않은 위치에 있는 바닷가 안식처는 생말로인이 존경하는 마음으로 마련해놓을 것입니다. 이 작업에는 슬픈 생각이 뒤섞여 있습니다. 아, 이 기념비가 오랜 세월 비어 있기를 바랍니다!"

고향 사람들의 염원 덕분인지 그는 무덤 자리가 마련된 후로도 여러 해 더 이 세상에 남아 있었다. 마침내 1848년 7월, 또 다른 혁명으로 몸살을 앓던 파리에서 그는 숨을 거두었다.

샤토브리앙이 자신을 생말로 앞 작은 섬에 묻어달라고 유언하지 않았다면, 그는 프랑스의 위인들이 묻힌 파리의 팡테옹Panthéon에 안치되었을 것이다. 그 사원에는 그가 비판했던 프랑스 혁명 주모자들과 이들의 정신적 스승들이 묻혀 있다. 샤토브리앙으로서는 전혀 달갑지 않은 예우였을 것이다.

맑은 물로 만든
맑은 맥주 혁명

맥주 혁명의 본고장 플젠 전경

맥주 품질과 맛을 좌우하는 것은 역시 물!
플젠은 맑은 물을 이용해 맑은 맥주를 탄생시켰고,
바이에른 양조업자들의 탁한 맥주에 혁명의 일격을 가했다.

플젠Plzeň(독일어나 영어로는 필센Pilsen)은 체코 공화국과 독일을 가르는 국경과 체코의 수도 프라하Praha 사이 중간 지점에 있다. 이 도시는 맥주의 모습과 맛을 바꿔놓은 맥주 혁명의 진원지다. 오늘날 한국을 비롯한 전 세계에서 '맥주' 하면 떠올리는 맑은 맥주는 플젠에서 태어났고 지금도 생산되고 있는 '필스너pilsener'의 후손들이다.

맥주가 플젠의 기간산업이 되기까지의 역사는 길고도 복잡하다. 맥주를 무척 즐긴 사람들은 고대 이집트인들이다. 그들은 맥주를 발명한 이가 다름 아닌 풍요의 신 오시리스Osiris였다고 믿었다. 신이 준 음료로 목을 축이던 이집트인들이 포도주밖에는 마시지 않던 그리스인들에게 맥주를 전해줬다. 그러나 그리스인들이나 이들의 문명을 계승한 로마인들은 와인을 사랑했지만 맥주는 외면했다.

맥주가 유럽에 퍼지게 된 것은 로마 제국이 붕괴된 이후이다. 로마 제국의 공식 종교가 되어 제국 전역으로 퍼진 기독교는(돌 1장 참조) 로마 제국이 사라진 후에도 여전히 번창했으며 기독교 수도원들은 그리스도의 사랑을 실천하는 일 외에 이전 시대의 문명을 보존하고 전수하는 역할도 맡았다.

수도사들은 수도원 안팎 이웃의 건강을 위해 맥주를 빚었다. 당시에는 사람과 짐승의 오물로 오염된 강물을 마신 후 병들어 죽는

에두아르드 폰 그뤼츠너, 〈빵과 맥주를 먹는 수도사들〉, 1885년

이들이 많았다. 반면에 하느님을 믿는 수도사들이 제조한 맥주는 믿고 마실 수 있는 음료였다.

"물 마시는 것은 위험합니다. 맥주를 마시세요."

11세기에 활동한 맥주의 수호성인 성 아르누Saint Arnoult(1040~1087, 수아송의 아르누)는 전염병이 창궐하던 시기에 사람들에게 이렇게 가르쳤다.

수도사들이 이 세상을 섬기기 위해서만 맥주를 만든 것은 아니었다. 맥주 양조는 대식구를 챙겨야 하는 수도원의 경제적 자립에도 적지 않게 기여했다. 독일 지역에서만 약 400개의 수도원이 맥주 양조장을 운영했다. 12세기부터는 그들이 개발한 맥주 양조 기술이 수도원 담장 밖으로 새어나갔다. 수도사들과는 달리 순전히 돈벌이에만 관심이 있는 양조업자들도 수도원 맥주를 모방하기 시작하자, 군주와 영주들은 사고파는 맥주에 세금을 얹어서 챙겨갔다.

수도원 맥주는 이후 벨기에 등 일부 지역을 제외하면 그 맥이 끊긴 반면, 상업적 맥주 산업은 날로 번창했다. 15세기부터 독일 남부 바이에른Bayern과 뮌헨München은 맥주 생산 중심지로 급속히 부상했다. 업자들이 난립하자 이 지역의 군주들은 물, 맥아, 홉hop 세 가지만을 원료로 사용하도록 법으로 규제했다.

바이에른 군주들이 명시한 세 원료 중에서 물은 가장 중요한 요소였다. 물의 광물질 성분을 화학적으로 조작할 수 없었던 시대에는 특히 그러했다. 바이에른의 중심 도시 뮌헨으로 맥주 양조업자들이 근세 초기부터 모여들게 된 이유도 뮌헨을 흐르는 이자르Isar강의 수질이 맥주 양조에 매우 적합하기 때문이었다.

뮌헨이 대표하는 독일 맥주는 밀 맥주로, 하얀 거품이 덮고 있는 잔은 침전물이 잔뜩 낀 것처럼 뿌연 색이다. 오랜 세월 유럽인들은 그런 짙은 맥주를 별로 개의치 않고 벌컥벌컥 마시며 느끼한 속을 진정시키고, 삶의 시름을 잊고, 모여 앉아 웃음과 울음을 나누었다. 그러나 진보와 개혁을 외치기 시작한 19세기에 이르러 맥주의 모습도 바꿔보자는 운동이 시작된다.

뮌헨의 양조업자 가브리엘 제들마이어Gabriel Sedlmayr(1811~1891)와 빈Wien의 안톤 드레어Anton Dreher(1810~1863)는 1840년에 맑은 맥주 라거lager를 만드는 데 성공한다. 이 두 사람에게 새로운 기술을

필스너 우르켈 양조장의 오래된 나무통

배운 요제프 그롤Josef Groll(1813~1887)은 당시 오스트리아 제국의 영 토였던 체코 플젠에 양조장을 낸다. 1842년 그롤의 맑은 맥주를 맛 본 플젠의 양조장 겸 맥주집 주인들은 신선한 충격을 받는다. 또한 샘솟는 희망에 가슴이 뛰기 시작한다. 날로 횡포가 심해지는 바이에 른 양조업자들로부터 독립할 수 있는 단서를 찾은 것이다. 이들은 곧 집단행동을 모의한다.

"플젠 시내 중심 광장에 바이에른산 뿌연 맥주를 쏟아 버립시다! 앞으로 플젠 주점들은 맑은 맥주만 제공할 것임을 선포합시다!"

그롤의 기술을 도입한 플젠의 양조장들은 맑은 '필스너' 맥주 생 산에 박차를 가한다. 1859년에 '필스너 맥주'는 도시 상공 회의소에 정식으로 상표 등록을 마친다. 이렇게 탄생한 필스너 맥주 양조법은 유럽과 미국으로 신속히 퍼져나갔다.

플젠 맥주의 독특한 맛은 부드러운 모라비아Moravia산 맥아에 토종 홉의 향기를 가미한 데서 나온다. 하지만 애초에 맑은 맥주를 가능케 해준 가장 결정적인 요인은 플젠에 흐르는 강물이 광물질이 거의 없는 맑은 물이라는 사실이다. 맥주의 90퍼센트 이상은 물이다. 양조 기술이 아무리 뛰어나도 수질이 뒷받침해주지 못하면 제맛을 낼 수 없다. 플젠은 네 개의 강이 합류하여 두 갈래로 도시를 에워싼다. 오늘날에도 플젠 맥주 고유 브랜드인 필스너 우르켈Pilsner Urquell을 플젠에서만 양조할 수 있는 이유도 바로 물 때문이다.

11세기에 성 아르누는 탁한 물 대신 맥주를 권장했다. 19세기 플젠의 양조업자들은 물처럼 맑은 맥주로 그의 가르침에 화답했다.

알프스의 베네치아,
알프스의 로마

푸른 숲에 둘러싸인 안시의 성모 방문 교회

사랑의 성인 성 프란치스코 살레시오
그가 세상의 벽을 흔들고 허무는 방법은 오직 사랑뿐.
안시는 그 사랑의 힘을 시험하고 증명한 도시다.

안시Annecy, 참으로 아름다운 도시다. 맑은 안시 호수를 북쪽에서 바라보는 이 도시는 양편으로 셈노Semnoz산과 베이리에Veyrier산을 끼고 있는 분지에 단정하게 앉아 있다. 구도시 건물들의 붉은 기와가 화사하다. 이후 시대에 지은 건물들도 정갈하다. 안시는 호숫가 도시일뿐더러 강과 운하의 도시이기도 하다. 바세Vassé 운하와 생도미니크Saint-Dominique 운하, 그리고 티우Thiou 강줄기 위로 보행자 전용 다리들이 걸쳐 있다. 산책로와 건물 여기저기에 고운 꽃들이 만발한다. 물새들은 운하와 강에서 한가히 노닌다. 가히 이 도시의 애칭대로 '알프스의 베네치아'라 할 만하다.

'알프스의 베네치아' 안시의 명소는 팔레드릴Palais de l'Île(섬 궁전)이다. 12세기부터 이 자리를 지켜온 이 석조 건물은 삼각형 돌벽 위에 붉은 지붕을 얹고 서서 티우 강줄기를 양쪽으로 갈라놓는다. 양편 벽의 창문이 쥐구멍만 한 것을 보면 이 건물의 용도를 추측할 수 있다. 오늘날은 관광객들의 사진 배경 노릇을 하느라 분주하지만 원래는 죄수들을 가둬두는 형무소였다.

안시가 위치한 지역은 프랑스 남동부의 사부아Savoie. 사부아의 공용어는 프랑스어였으나 1860년에 프랑스에 병합되기 전까지는 독립 국가였다. 명목상 신성 로마 제국 황제 밑에 있던 사부아 공작

티우강과 팔레드릴

이 알프스부디 지중해까지 땅을 자기 뜻대로 다스렸다. 안시는 15세
기에서 17세기 중반까지 사부아의 수도였다. 안시의 또 다른 명물인
안시 성Le château d'Annecy은 사부아 공작이 거주하던 궁전 겸 요새였
다. 이후 사부아 공국이 이탈리아 쪽으로 세를 확장함에 따라 안시
는 수도의 영예를 토리노Torino에게 빼앗기기는 했지만, 이 작은 도
시의 위상은 전혀 미미하지 않았다.

　사부아 공작들이 살던 시대에 안시의 별명은 '알프스의 베네치아'
가 아니라 '알프스의 로마'였다. 로마와 안시에 무슨 공통점이 있을
까? 안시에서 40킬로미터 북쪽으로 가면 또 다른 호숫가 도시가 나
온다. 레만Léman호 남쪽 모서리를 차지한 제네바Geneva(프랑스어로는
쥬네브Genève). 종교 개혁가 장 칼뱅Jean Calvin(1509~1564)은 프랑스에

서 이 도시로 망명한 후 자신이 생각한 대로 기독교를 바꿔놓는 거점으로 삼았다.

제네바가 칼뱅주의자들에게 넘어가자 제네바 생피에르St Pierre 대성당의 주교와 사제들은 남쪽으로 피신해야 했다. 이들은 멀리 가지 않고 안시로 내려왔다. 제네바 수복을 반드시 이루겠다는 다짐의 표현이었다. 그러나 제네바를 되찾을 가능성이 희박해지자, 1568년부터 제네바 주교는 안시에 상주하며 이곳 수도원 중 한 곳을 생피에르 대성당으로 명명하고 거기에 맞게 건물을 확장했다. 물의 도시 안시의 생피에르 대성당 일부는 운하 위에 걸터앉아 있다.

물론 안씨가 제네바 대주교의 거처가 되었다는 이유 하나만으로 '알프스의 로마'가 된 것은 아니다. 이 칭호는 이 지역 출신 성직자 프란치스코 살레시오(본명은 프랑수아 드 살François de Sales, 1567~1622)의 업적에 대해 찬사였다.

사부아 귀족 가문의 장남으로 태어나 출세 길이 열려 있던 프란치스코는 파리 유학 중 칼뱅의 사상과 마주친다. 칼뱅의 논리는 명료하고도 치명적이었다. 모든 인간은 원죄로 인해 근본적으로 타락했다. 그렇다면 어떻게 인간이 구원받을 수 있나? 그것은 오직 하느님의 일방적인 결정을 통해서만 가능하다. 하느님은 어떤 자들은 구원하기로 미리 선택해놓았지만, 다른 자들은 파멸의 길을 가도록 미리 정해놓았다. 그렇다면 나는 어느 쪽인가? 젊은 프란치스코는 자신이 선택받은 자라고 확신하지 못했다. 절망과 불안에 시달리며 건강도 악화됐다.

안시성에서 바라본 안시 호수와 알프스

그러던 어느 날 파리의 한 성당에서 성모에게 기도하던 그는 새로운 깨달음을 얻는다. "하느님은 사랑이다! 심판, 저주, 영벌을 위해 인간을 창조하실 분이 아니다!" 이 깨달음을 준 성모 마리아 앞에서 그는 사제가 될 것을 서원한다.

그렇게 성직자의 길로 들어선 프란치스코 살레시오는 늘 사랑을 강조했다.

"제네바의 벽을 뒤흔들려면 사랑을 통해야 합니다. 사랑을 통해 그들을 정복하고 사랑을 통해 그 도시를 수복해야 합니다."

제네바 주교 프란치스코 살레시오는 이렇게 설교했다. 또한 자신의 설교를 몸소 실천하며 안시를 사랑의 도시로 변화시켰다.

안시의 성모 방문 교회

　안시를 '알프스의 로마'로 만든 프란치스코 살레시오는 죽은 후 로마의 교황에 의해 성인으로 추앙되었다. 흐르는 세월 속에서도 안시 출신 성인에 대한 안시의 존경과 사랑은 안시의 호수처럼 마르지 않고 풍성하게 이어졌다.

　안시 시내에서 셈노산 쪽 언덕을 보면 첨탑이 예쁜 고딕 건물이 보인다. 그 이름은 성모 방문 교회La basilique de la Visitation로, 셈노 산자락에서 안시를 굽어보고 있다. 20세기 초에 지은 이 교회에 성 프란치스코 살레시오의 유해가 안치되어 있다. 언덕 위 '알프스의 로마'는 언덕 아래 '알프스의 베네치아'를 사랑으로 품어 안는다.

짧은 항해,
편한 이민

폐쇄된 옛 부두를 문화단지로 개발한 리버풀의 앨버트독

대기근을 피해 미국으로 이민을 가려던 아일랜드인들은
대서양을 건너는 대신 가까운 리버풀에 주저앉았다.
망망대해에서 험한 꼴을 당하는 대신 선택한 타협안이었다.

1972년, 세계 대중음악계의 두 슈퍼스타 존 레넌John Lennon과 폴 매카트니Paul McCartney는 매우 특이한 신곡을 각자 발표한다. 두 젊은 뮤지션은 1960년, 영국 리버풀Liverpool에서 4인 밴드 '비틀즈The Beatles'를 결성한 후 주옥같은 명곡을 함께 쓰고 함께 노래하며 수많은 팬들의 마음을 사로잡았다. 그러나 이런저런 사정으로 1970년에 그룹을 해체한 후 서로 다른 길을 갔다.

영국에서 활동하던 매카트니가 그해 2월에 곡을 발표했다.

아일랜드를 아일랜드인에게 돌려줘!
아일랜드를 아일랜드 사람 땅으로 만들어, 오늘 당장!

이런 가사를 외친 노래의 제목은 〈아일랜드를 아일랜드인에게 돌려줘!Give Ireland Back to the Irish〉.

몇 달 후, 뉴욕에 거주하던 레넌은 옛 동료의 노래에 화답했다.

아일랜드는 아일랜드인 몫이야,
잉글랜드 놈들은 다시 배 태워 쫓아버려!

피의 일요일 당시 에드워드 달리 주교가 부상자들을 향해
뛰어가는 모습을 그린 벨파스트의 벽화

무슨 사건이 두 사람을 자극했을까? 레넌의 노래 제목은 〈일요일 피투성이 일요일Sunday Bloody Sunday〉. 그해 1월 30일, 아일랜드섬에 남아 있는 영국 영토 북아일랜드에서 영국군의 발포로 시위대 13명 이 사망한 이른바 '피의 일요일Bloody Sunday'이 직접적인 계기였다.

그런데 두 사람은 영국 리버풀 출신, 왜 그들이 북아일랜드 문제에 흥분했을까? 이들이 아일랜드 이주자의 후손이기 때문이었다. 레넌은 부친, 매카트니는 양친 모두 아일랜드에서 리버풀로 이주한 집안이다. 이들 외에도 리버풀에는 아일랜드 피가 흐르는 사람들이 상당히 많다. 비틀즈의 나머지 두 멤버인 드러머 링고 스타Ringo Starr와 리드 기타리스트 조지 해리슨George Harrison 또한 아일랜드 혈통에 닿아있다.

원래 아일랜드인은 쉽게 이민을 결심할 사람들이 아니었다. 잉글랜드인에게 오랜 세월 시달리고 지배받기는 했으나 조국을 버리기를 매우 주저했던 이들을 타국으로 몰아낸 것은 1845년에서 1849년에 걸쳐 이어진 대기근이었다.

감자가 주식이던 아일랜드 농민들은 병충해가 감자 농사를 망치자 굶주리고 병들어 죽어갔다. 살아남으려면 황무지로 변한 고향을 떠나야 했다. 비탄에 빠진 아일랜드의 민초들은 더블린Dublin에서 배를 타고 영국 리버풀로 건너갔다. 기회의 땅 미국으로 가려면 먼저 리버풀로 가야 했다. 리버풀로 가는 항해는 괴롭기는 해도 약 12시간이면 끝났다. 배가 자주 다니니 비용도 저렴한 편이었다.

리버풀은 18세기에 아프리카 노예 무역 덕에 성장한 항구 도시다. 리버풀에서 빈 배로 출항해 아프리카에서 흑인 노예를 사서 가득 채우고 서인도 제도와 미국 농장들에 파는 해운 사업은 이 도시를 살찌웠다. 그러나 1807년 인도주의자들의 공세에 밀려 정부가 노예 무역을 금지하자, 배를 놀릴 수 없었던 리버풀 선주들은 미국 이민자 수송 사업으로 방향을 틀었다.

리버풀 해운업자들은 노예 무역 시대나 이민 사업 시대나 최소 비용으로 최대 이익을 추구하는 '합리적인' 사람들이었다. 그 결과, 대서양 파도를 헤치고 미국까지 가는 항해는 여행객들, 특히 돈이 부족해서 예전에는 노예들이 묶여 있던 열악한 3등 선실을 배정받은 이들에게는 뉴욕까지 가는 보름 정도 시간이 고난과 위험의 연속이었다. 1853년 항해 도중 콜레라에 걸려 1,328명의 이민 희망자들이 죽었다. 1858년에는 선상 화재로 500여 명이 죽었다. 1854년, 승객 480명을 태운 글라스고 호는 리버풀을 떠난 후에 대서양에서 침몰했다. 질병과 재난의 공포 외에도 젊은 여인들은 선원들에게 성추행을 당할 위험에도 늘 노출되었다.

더블린을 떠나 리버풀에 도착한 아일랜드 사람들은 대서양 항해에 관련한 무시무시한 이야기들을 사방에서 듣는다. 이미 리버풀에 정착한 동포들이 이런 얘기를 해주는 주역이다. 이중에는 같은 동포들을 진심으로 걱정하는 이들도 간혹 있으나, 이주자들의 노잣돈을 노린 사기꾼이 대부분이다. '그 위험한 대서양을 건너서 미국까지 갈 게 뭐 있어? 여기 리버풀에서도 돈 벌고 출세할 수 있는데? 날 보라고!' 이들의 꼬임에 넘어가 돈을 모두 날린 이주자들은 하는 수 없이 리버풀에 남아 먹고살 길을 찾아야 했다.

꼭 사기를 당하지 않더라도 먼 바다 끝에 있는 뉴욕에서 가까운 바다 건너면 닿는 리버풀로 이민 목적지를 바꾸는 아일랜드인이 많았다. 리버풀 이주는 고향에서 굶거나 망망대해에서 험한 꼴을 당하거나 하는 두 극단에서 벗어난 적절한 타협안이었다. 이들은 리버풀

리버풀의 비틀즈 동상

을 영국 속의 아일랜드로 점차 바꿔놓았다. 1850년대와 1860년대에는 리버풀 총 인구의 약 20퍼센트가 아일랜드에서 태어난 사람들이었다.

리버풀에 뿌리 내린 아일랜드 이주자들의 위대한 후손 존 레넌과 폴 매카트니는 다른 아일랜드게 리버풀 청년들과 마찬가지로 조상들이 못된 잉글랜드인에게 얼마나 심한 고초를 당했는지를 귀에 못 박히게 들으며 잔뼈가 굵었다. 그러니 이들이 1972년에 '동포'들을 죽인 잉글랜드 군인의 만행에 격분한 것은 당연할 수밖에.

CODE 3

불

불 뿜는 산,
정지된 삶

폼페이 유적지에서 바라본 베수비오산

베수비오산이 뿜어내는 무서운 불과 화산재는
재력가나 정치가, 자유민과 노예 모두 가리지 않고
모든 폼페이 사람들의 삶을 한순간에 정지시켜버렸다.

기원전 79년 베수비오Vesuvio(당시 이름은 '베수비우스Vesuvius') 화산 폭발 당시 광경을 가이우스 플리니우스 세쿤두스(돌 6장 참조)는 다음과 같이 회상했다.

> 바다로 떨어지는 재들이 점점 더 뜨거워지고 있었습니다. 밤이 되자 베수비오산 여기저기에서 붉은 불길이 높고 넓게 솟아올라 밤하늘에 번쩍거렸습니다. 집 안뜰에도 재와 뜨거운 돌이 쌓이기 시작했습니다.

일찍이 친부를 여읜 플리니우스는 18세 때 나폴리만 위쪽 끝에 있는 미세노Miseno(당시 이름은 '미세눔Misenum')의 외숙부 집에서 어머니와 함께 거주하고 있었다. 학자이자 해군 제독이던 외숙부는 이때 인명 구조 작전을 벌이다 화산 가스에 숨이 막혀 죽었다. 친아들이 없던 외숙부의 유언에 따라 그는 재산과 이름 '플리니우스'를 물려받았다.

외숙부 플리니우스가 죽기 전날 베수비오는 나폴리만 아래쪽 도시 폼페이Pompeii를 무참히 유린했다. 베수비오 화산이 폼페이로 발사한 검은 구름의 높이는 30킬로미터 이상이었다. 폼페이의 시민들에게는 뜨겁고 시커먼 산 전체가 도시로 날아오는 것처럼 보였을 것이다. 화산이 토해낸 산더미 같은 불, 돌, 재, 가스의 칵테일을 마신 도시의 모든 살아있는 생명체는 순식간에 숨을 거두었다. 벌레에서 사람까지, 풀부터 나무까지.

화산재가 4미터에서 6미터 깊이의 흙으로 굳어가는 동안 역사는 흘러갔다. 그렇게 묻혀버린 도시는 18세기 초에 조금씩 발굴되기 시작하며 그 모습을 드러냈다. 당시 유럽에는 계몽주의가 퍼져나가던 중이었다. 지식인들은 중세 고딕 기독교 문명을 갑갑해하며, 고대 그리스·로마 이교도 문명에 매력을 느끼고 있었다. 이런 그들에게 흙 밑에서 점차 모습을 드러내는 고대 로마 도시 폼페이는 오랜 역사를 건너뛰고 돌아온 반가운 손님이었다.

그 후로 세기가 바뀌고 계몽주의자들이 숭상하던 이성과 과학이 삶을 유익하게도 하고 전쟁 등으로 삶을 파괴하기도 하는 동안, 폼페이가 어떠한 도시였는지에 대한 지식도 늘어갔다.

폼페이가 파괴되던 시점에 이 도시의 인구는 8천 명에서 1만 2천 명 정도로 추정된다. 도시 주변 농장들의 인구까지 합치면 그보다 더 늘어날 것이다. 폼페이가 위치한 나폴리만은 로마 제국 시대 이탈리아의 '강남땅'이었다. 로마에서 멀지 않은 위치인 데다 아름다운 해안을 끼고 있는 지형이라 고급 별장이 즐비했다. 폼페이는 잘 만든 포장도로에 원형 경기장도 갖추고 있었다. 여러 신들을 섬기는 신전도 사방에 세워져 있었다. 오늘날 방문객들이 직접 눈과 발로 확인할 수 있듯이 제법 번화한 도시였다.

베수비오산과 폼페이 유적지

폼페이는 곡물을 자체 조달했고 포도주도 생산했다. 폼페이 포도주가 유달리 훌륭하다는 기록은 없는 것으로 보아 주로 도시와 그 지역에서 소비되었던 것으로 보인다. 그뿐만 아니라 폼페이에는 옷감, 그릇 등 생필품을 만드는 다양한 제조업 업종도 약 85개 있었다. 폼페이의 여러 사장님 저택 중에서 가장 잘 보존된 곳은 다른 사장들에게 돈 꿔주고 이자 받고 돈 바꿔주는 은행업자의 소유였다. 그의 이름은 루키우스 카이킬리우스 유쿤두스Lucius Caecilius Jucundus. 유쿤두스는 자신의 저택 입구에 이름을 새긴 본인의 흉상을 세워놓았으니, 그가 어떻게 생겼는지도 알 수 있다.

은행업자 유쿤두스는 세금 징수 대리인 역할까지 했다. 게다가 경매인 노릇도 하며 돈을 긁어모았다. 그의 경매 기록은 화산재에

폼페이 은행가 유쿤두스의 집

타서 검게 그을린 나무판자들에 적혀 있다. 이 판자들을 보면 그가 다룬 경매 물품들이 상당히 고가였음을 알 수 있다. 그중에는 가장 비싼 물품에 속했던 노예도 포함되어 있다. 경매 기록에는 거래 성사 증인의 이름도 적혀 있다. 이름이 적힌 순서는 신분을 반영한다. 귀족이 맨 위, 그다음은 평민, 그 밑에 노예 출신 자유민. 자유민 중에는 명문가 시민보다 더 많은 돈을 번 사람도 있었으나, 돈으로도 자신의 천한 출신을 세탁할 수는 없었다.

폼페이 사람들은 돈벌이 외에 정치 참여에도 열정적이었다. 이들이 황제나 로마의 원로원들을 뽑을 일은 없었으나, 도시 정부의 권력자는 시민들이 선출할 수 있었다. 고고학자들은 화산재를 걷어내고 약 2,500개의 선거용 포스터를 찾아냈다. 이들 '포스터'는 하얀 돌 위에 붉은 글씨로 후보자의 이름과 간단한 소개 문구를 적어놓은 형태다. 대개 후보들의 이름과 훌륭한 인품만 적시하지만, 특정 업종의 지원을 받는 후보임을 선전하기도 했다.

"모든 금세공업자들은 가이우스 쿠스피우스를 지원합니다!"

폼페이가 멸망하던 해인 기원전 79년에는 조영관aedile(건축, 토목, 축제 담당관) 선거가 있었다. 이때 작성된 것으로 추정되는 구호다.

이렇듯 분주하고 활달한 삶을 살던 폼페이는 베수비오 화산이 토해놓은 불로 인한 돌과 재에 가격당해 즉사한다. 재력가 루키우스 유쿤두스는 흉상을 남긴 채, 선거 운동에 열중하던 가이우스 쿠스피우스는 벽보에 이름을 남긴 채, 동료 시민, 자유민, 노예, 아녀자, 이방인들과 함께 한순간 영면에 들어갔다.

나폴리에 들르는 관광객에게 폼페이는 필수 관람 코스다. 고대 유적 주위에 작은 도시가 형성되어 있다. 현대 폼페이는 이탈리아 도시 중에서도 나이가 가장 어리다. 가장 오래된 성당 건물들이 19세기에 지어졌고, 자치 단위로 인정받은 것은 1928년이다. 현대 폼페이는 고대 폼페이가 관광지로 부상한 덕에 태어났다. 플리니우스는 베수비오 화산 폭발 때 외숙부의 재산과 이름을 물려받았다. 현대 폼페이는 도시 이름과 함께 베수비오가 파괴한 폼페이의 시신을 물려받았다.

불로 만든 유리의
변치 않는 빛

프랑스 샤르트르 대성당

고딕 건축물 중에서도 샤르트르 대성당이 특별한 것은
아름다운 이야기를 전하면서 동시에 빛을 내어주는
온갖 풍상을 견뎌내고 살아남은 스테인드글라스 덕분이다.

샤르트르 대성당Chartres Cathedral은 유독 불에 취약했다. 지금의 우아한 고딕 대성당이 세워지기 전 다섯 채의 선배 건물들이 그 자리에 서있었다. 건물을 다시 지은 원인은 늘 불이었다.

불이 나게 된 배경과 그 성격은 조금씩 다르다. 4세기에 지었던 최초의 성당은 743년 내전의 와중에 전소됐다. 두 번째 성당을 같은 자리에 지었으나 이번에는 858년에 바이킹Viking 해적들이 센강을 타고 쳐들어 와 불태워버렸다.

세 번째 불부터는 우발적인 화재였다. 962년에 불이 나서 다시 지은 건물이 1020년에 난 불 때문에 심각하게 망가진다. 이에 다시 건축에 착수했으나 1134년에 또 불이 난다. 이 화재로 손상된 구조물들을 새로 짓는 작업을 마무리할 무렵인 1194년에 또 다른 화재가 발생한다. 불이 꺼지자마자 건축 작업을 계속했다. 쓸 수 있는 부분들은 다시 활용하며 대성당을 다시 올렸다. 1220년경에 석조 공사가 끝난 이 여섯 번째 건물이 오늘날 샤르트르에 서있는 대성당이다.

샤르트르는 아름다운 고딕 건물 중에서도 아름다운 스테인드글라스stained glass로 유명하다. 이 스테인드글라스는 1210년부터 붙이기 시작해서 석조 공사가 마무리될 무렵인 1270년까지 설치했다. 이 오래된 스테인드글라스는 온갖 풍상을 견뎌내고 지금까지 살아남

프랑수아 알렉상드르 페르노, 〈샤르트르 대성당 화재〉, 1836년

앉다.

화마와 씨름하며 진화한 샤르트르 대성당의 가장 큰 자랑거리인 스테인드글라스도 불과 관계가 깊다. 유리를 만들려면 일단 용광로의 불을 지펴 섭씨 1,500도 이상이 되도록 뜨겁게 달군다. 거기에 규사, 석회석 등 광물질을 넣으면 열기를 못 견디고 녹아서 늘어지기 시작한다. 불의 온도를 조금씩 낮추며 여러 번 유리를 넣었다 뺐기를 반복하다 보면 유리의 형태가 조금씩 만들어진다.

이 과정에서 색을 입히려면 아직 녹아 있는 상태에서 구리나 코발트 등 필요한 소재들을 첨가한다. 샤르트르 대성당 유리들의 파란색

사르트르 대성당의 장미꽃 창. (왼쪽부터) 서쪽 문, 북쪽 트랜셉트, 남쪽 트랜셉트

은 코발트를 석회석 유리에 배합해서 얻어낸 것이다. 샤르트르 대성당 채색 유리들의 성분을 분석할 수는 있다. 그러나 수백 년 변치 않는 그 색을 어떻게 만들어냈는지, 그 정확한 비법은 현대 과학으로도 설명하기가 쉽지 않다.

샤르트르 대성당을 장식하는 채색 유리의 모양은 다양하다. 둥글고, 네모반듯하고, 길쭉하고, 비쭉하다. 이 유리들을 붙여서 만든 그림들은 상징적인 의미를 담고 있거나 사람과 사건을 형상화한다.

스테인드글라스는 펄펄 끓는 용광로에 광물질을 넣어서 만들어낸 유리들로만 구성된 투명한 화폭이다. 햇빛이 이 유리들에 조명을 비추면 아름다운 영상과 이야기들이 드러난다. 겹겹이 원을 이루는 채색 유리들이 만들어내는 장미꽃 창을 샤르트르 대성당은 세 개나 보유하고 있다. 서쪽 문의 장미꽃 창은 최후의 심판을 묘사한다.

북쪽 트랜셉트transept(십자형 교회에서 좌우로 돌출된 부분)의 장미꽃 창은 성모 마리아를, 남쪽 트랜셉트의 장미꽃 창은 마리아를 통해 세상에 온 예수 그리스도를 표상한다. 서쪽 문 장미꽃 창 밑에 나란히 서있는 길쭉한 아치형 창 3개는 예수 그리스도의 계보, 생애, 십자가 수난과 부활을 이야기한다.

기독교 초기부터 소아시아와 그리스, 이탈리아반도에서 성당 내부는 모자이크로 장식했다. 모자이크에도 유리가 일부 사용되기는 하지만 주된 재료는 돌이다. 반면에 샤르트르 대성당이 선보인 스테인드글라스 기법은 모자이크와는 다른 새로운 종교 예술을 구현했다. 햇빛과 교류하는 유리는 돌벽에 붙어있는 모자이크와는 달리 몸이 가볍다. 스테인드글라스는 그림이지만 동시에 유리 창문이다. 유리들은 실내 채광을 위해 몸을 내준다. 유리의 몸은 반쯤 비어 있다. 바로 그렇기에 영혼의 세계를 표현하는 데 가장 적합한 물질이다.

13세기에 만들어 붙여놓은 샤르트르 대성당의 스테인드글라스는 총 176개였으나 지금은 약 152개가 남아있다. 놀라운 일이다. 돌로 그린 모자이크나 돌벽에 그린 프레스코fresco도 아닌 스테인드글라스 그림이 그토록 오랜 세월 그토록 험한 시절을 겪고도 그대로 버티고 있다니!

유리들이 모조리 깨질 위험이 몇 번 있기는 했다. 16세기 프랑스 종교 전쟁 때 칼뱅주의 개신교도들(물 6장 참조)이 샤르트르를 공격했다. 그들이 이 도시를 완전히 장악했다면 우상 숭배와 미신의 혐의를 씌워 스테인드글라스를 신나게 부쉈을 것이다. 다행히도 이 도시에서는 그들의 힘이 그다지 크지 않았다.

기독교 자체를 미워하는 프랑스 혁명 세력은(불 4장 참조) 아예 스테인드글라스 정도가 아니라 대성당 자체를 폭파해버릴 참이었다. 진보적인 혁명가들은 대성당을 폐쇄하고 종교 활동을 금지시켰다. 그러고 나니 쓸데없이 거창한 이 건물이 영 눈에 거슬렸다. 일부를 고쳐서 재활용하기에도 마땅치 않았다. 그냥 폭파해버리지?

그러나 샤르트르 시민들의 저항이 완강했다. 실무적인 어려움도 있었다. 스테인드글라스야 별문제가 아니지만 폭파된 건물의 돌들을 어떻게 처리해야 할지 대책이 서지 않았다. 이러지도 저러지도 못하던 중 세상이 다시 바뀌자 혁명가들은 샤르트르 대성당을 그대로 둔 채 사라졌다.

20세기 중반에 샤르트르는 또 다른 위기에 봉착한다. 샤르트르 대성당은 제2차 세계대전 당시 미군과 독일군 간의 치열한 전투 한폭판에 있었다. 이러한 사태를 예견하고 샤르트르 시민들은 스테인드글라스를 미리 제거해서 근처 시골에 분산해 보관해놓는다. 전쟁이 끝난 후 이 유리들은 제자리로 돌아갔다.

샤르트르 대성당 스테인드글라스가 보존되어 전해진 것은 세대와 세대에 걸쳐 이 건물을 사랑하는 사람들의 헌신과 지혜의 결실이다.

달아오른 무쇠솥으로
적을 제압하다

성 피에르 대성당에서 바라본 제네바

사부아 공작의 제네바에 대한 욕심은 끝이 없었다.
어떻게 해도 제네바를 손에 넣을 수 없었던 그는
작전을 짜서 어둠을 틈 타 방벽을 넘으려 하지만,
늦게까지 부엌일을 하던 한 여인의 용기에 백기를 들게 된다.

스위스는 유럽 연합 국가들 사이에 있지만 유럽 연합 회원국이 아니다. 자국 화폐도 스위스 프랑을 쓰지 유로를 쓰지 않는다. 고집스레 지켜온 자주성을 자랑하는 스위스의 도시들도 자주독립의 역사를 자랑한다. 제네바의 '에스칼라드L'Escalade'(방벽 기어오르기)가 가장 전형적인 사례다. 1602년 12월 12일, 제네바 성벽을 타고 야밤에 침투하려던 적을 무찌른 싸움을 기념하는 에스칼라드는 이 도시 최대의 축제다.

제네바에서는 매년 12월 둘째 주 주말, 금요일 저녁부터 축제가 시작되어 일요일 밤까지 이어진다. 일요일 밤 행사 때는 제네바 시민 800여 명이 1602년 당시의 복장을 입고 횃불을 앞세워 행진한다. 행진을 마치면 제네바 공화국이 적을 물리쳤음을 선포하는 문서를 낭독한 후, 모든 시민이 제네바의 '애국가' 격인 개신교 찬송가, 〈저 높은 곳에 계신 그분께서Cé qu'è l'ainô〉를 합창한다.

그렇다면 이들의 적은 누구였을까? 제네바는 1535년에 개신교를 받아들이고 제네바 주교를 쫓아버린다. 제네바 주교를 통해 이 도시에 영향을 행사하던 사부아 공작으로부터의 독립 선언이었다(물 6장 참조). 가톨릭 세력권에서 벗어난 제네바로 그다음 해에 프랑스인 종교 개혁가 장 칼뱅이 망명해온다. 제네바의 정치적 독립은 칼뱅이

제네바의 에스칼라드 축제

이끄는 강력한 종교 문화의 지원을 받으며 견고해진다.

하지만 제네바 남쪽 안시에 사는 사부아 공작 에마뉘엘 필리베르 Emmanuel Philibert에게는 제네바를 순순히 내줄 마음이 전혀 없었다. 그는 호시탐탐 제네바를 넘보았다. 이에 대응하기 위해 제네바는 도시 방벽을 보강하고 민병대를 조직해 만약의 사태에 대비한다. 결국 사부아 공작은 제네바 정복이 여의치 않음을 인정하고, 1570년에 제네바와 평화 조약을 맺는다.

평화도 잠시, 에마뉘엘 필리베르의 아들 샤를 에마뉘엘 1세Charles Emanuel I가 사부아 공작이 되자 상황은 다시 달라진다. 1581년부터 1593년까지 사부아와 제네바 간의 무력 충돌이 간헐적으로 이어진다. 그러나 사부아 공작은 제네바를 함락하지 못한다.

이후 한동안 사부아와 프랑스 사이에 싸움이 붙은 통에 제네바는 한숨을 돌릴 수 있었다. 그러나 프랑스와 사부아가 1601년에 평화 협정을 맺자 다시 사부아 공작의 제네바에 대한 욕심이 발동한다. 1602년, 사부아 공작은 크리스마스를 제네바에서 보내겠노라고 신하들에게 선언한다. 이미 여러 차례 제네바 공격에 실패했던 사부아 공작은 새로운 작전을 지시한다. 야간 기습 공격.

공격 날짜는 12월 11일. 초승달이 뜬 어두운 밤. 제네바 시민군은 병력 이동이나 규모를 제대로 파악하지 못할 것이다. 행여 파악하더라도 아마 동이 트면 공격하리라 예상할 것이다. 최대한 조용히 접근해 새벽 2시에 제네바 방벽을 몰래 타도록 하라. 특공대가 침투해서 도시 문을 열면 나머지 병력은 지체 없이 진격하라. 작전대로만 된다면, 제네바의 독립은 한밤중에 끝장날 위급한 상황이었다.

그러나 '저 높은 곳에 계신 그분'은 예상치 못한 방법으로 제네바를 지켜주었다. 평범한 주부 카트린 르와윰Catherine Royaume은 그날따라 늦게까지 부엌일을 하고 있었다. 솥을 걸고 식구들에게 다음 날 아침에 먹일 야채 스프를 끓이고 있었다. 그녀나 남편이나 원래 제네바 사람이 아니라 리옹Lyon 출신. 개신교도인지라 가톨릭의 박해를 피해 제네바로 이주해 살고 있었다. 이들이 사는 곳은 도시 방

무쇠솥으로 사부아인을 죽이는 여인

벽 모네 문porte de la Monnaie 바로 위였다.

　스프가 거의 다 끓자 불을 끄고 이제 잠자리에 들려던 찰나, 뭔가 이상한 소리가 밖에서 들린다. 사부아가 제네바를 침공하리라는 소문이 자자하던 때라, 혹시나 하는 마음에서 그녀는 살그머니 창밖으로 얼굴을 내밀어 아래쪽을 살핀다. 아니나 다를까. 적군 몇 명이 밧줄을 타고 올라오는 게 보인다. 이 일을 어찌할 것인가? 사람들에게 알릴 틈이 없다. 잠시 후에는 성벽 위로 올라올 정도로 근접해 있다. 그녀는 황급히 부엌으로 돌아간다. 마침 끓고 있는 무쇠솥이 눈에 들어온다. 지체할 시간이 없다. 그녀는 솥을 통째로 들고 창문으로 간다. 그리고 적군의 머리를 향해 솥을 내던진다.

뜨거운 스프와 잔뜩 달아오른 솥을 맞고 혼비백산한 적은 외마디 비명을 지르며 방벽 밑으로 떨어진다. 그 소리에 놀란 제네바 병사들이 달려온다. 올라오는 적들을 향해 쏘는 총소리와 대포 소리가 도시에 울린다. 도시의 교회에서는 비상사태를 알리는 종이 다급하게 울린다.

그날 밤 제네바 민병대는 사부아군을 보기 좋게 물리친다. 제네바 측 사망자는 18명, 사부아 군대 사망자는 54명. 벽을 타고 올라온 적군 13명은 체포해서 다음 날 처형한다. 그다음 해인 1603년, 사부아 공작은 더 이상 제네바를 괴롭히지 않기로 합의하는 문서에 서명한다.

르와욤 부인 외에도 제네바의 많은 남녀 시민이 단합해서 사부아 공작의 직업 군인들과 맞섰다. 남자들은 총을 쏘았고 여자들은 의자나 식탁, 쇠붙이 등 닥치는 대로 물건을 던져서 올라오는 적들을 가격했다.

딱히 극적인 역사가 많지 않은 제네바에서 이날의 투쟁은 두고두고 대대손손 기념할 만한 대사건이 아닐 수 없었다. 또한 특이하게도 이 전투의 영웅은 아낙네다. 이날의 승리가 전적으로 르와욤 부인 덕분은 아닐 것이나, 그녀가 던진 뜨거운 스프와 솥을 사람들은 특별히 기억했다.

작은 도시,
큰 불길

공중에서 내려다본 루이스 전경

우즈강이 흐르는 조용한 작은 도시 루이스,
11월의 단 하루만큼은 어느 때보다 뜨거운 도시가 된다.
온 도시가 화톳불 행렬로 뒤덮이기 때문이다.

런던 남쪽 서식스Sussex 지방의 루이스Lewes는 도시를 가로지르는 우즈Ouse 강가에 자리 잡은 아름답고 조용한 소도시다. 시골 마을 분위기마저 느껴지는 이곳은 1년에 한 차례 어마어마한 불꽃놀이 축제로 타오른다. 그 이름은 '루이스 본파이어Lewes Bonfire'. 엄청난 화톳불 축제다.

매년 11월 5일. 해가 지면 영국 전역에서 '가이 포크스Guy Fawkes의 밤' 또는 '본파이어 밤'이 시작된다. 도시나 마을 공터에 사람들이 모여 짚풀로 사람 모양을 만들어놓고 불에 태우는 것이 이 축제의 주된 내용이다.

가이 포크스는 '화약 음모 사건Gunpowder Plot'의 주모자였다. 가이 포크스 일당은 1605년 11월 5일, 영국 의회 상원 밑에 폭약을 설치해놓고, 의회 회기 공식 개막을 위해 상원 의원과 하원 의원, 국왕, 각료들이 모두 이곳에 모였을 때 이들을 단번에 모조리 제거한 후 새로운 정권을 세울 참이었다. 그러나 정보가 새는 바람에 11월 4일 저녁, 가이 포크스는 현장에서 체포됐다. 당시 그는 의사당 지하에서 화약통 36개 곁에 앉아 다음 날 거사를 준비하고 있었다. 포크스를 비롯한 주모자들은 모두 가톨릭교도로, 16세기 종교 개혁을 받아들인 영국의 종교와 체제를 하루아침에 바꿔놓으려는 것이 이들의 계획이었다.

하마터면 가이 포크스의 화약과 함께 나라의 기반이 허공으로 날아갈 뻔한 위험을 극적으로 모면한 후 영국 의회는 이 사건을 매년 기념하기로 결의한다. 영국 전역에서 국교인 성공회 교회마다 이날에 특별 감사 예배를 드리라는 법을 제정했다.

영국 민초들은 의회와 교회 지도자들의 뜻과는 달리 예배만 보는 것으로는 만족하지 못했다. 몇 년 지나지 않아 감사 예배에 참석하는 인원보다 훨씬 많은 사람들이 교회당이 아닌 마을이나 도시 공터에 모여 화톳불을 지피고 떠들고 노는 잔치판을 벌이기 시작했다. 국왕과 의회를 하느님이 보우하신 것에 감사하려 모인 것인지, 아니면 권력자들을 폭약으로 응징하려던 가이 포크스 일당에 동조하는

루이스의 화톳불 축제 '가이 포크스의 밤'

것인지도 분명치 않았다. 의미가 무엇이건 겨울밤에 신나게 불장난을 하는 것은 즐거운 일이었다.

불놀이는 여러모로 위험하다. 불이 날 위험도 있지만 폭동으로 번질 소지도 늘 있었다. 가난한 서민들의 분노가 불길처럼 타오를 이유는 항상 있기 마련. 명분 있는 불놀이라 국가는 가이 포크스 밤 화톳불 놀이를 금지할 수 없었다. 19세기에 이르러 런던 같은 대도시에서는 이날 훨훨 타오르는 불 곁에서 군중들이 난동을 부리고 서로 패싸움을 벌이는 난장판이 되기 일쑤였다.

루이스의 경우는 좀 달랐다. 이 도시의 화톳불 축제는 1605년 사건뿐만 아니라, 16세기 중반 가톨릭교도인 메리 여왕(메리 1세Mary I)이 영국을 다스리던 시대에, 개신교 종교 개혁을 일시 정지시키고 개신교도를 박해한 역사를 기념한다.

1555년에 가톨릭 국왕에게 항거한 죄로 이 지역의 개신교도 7명이 루이스 시청 앞 광장에서 화형을 당했다. 2년 후인 1557년에는 10명이 같은 곳에서 장작더미 위에 묶인 채 화염 속으로 사라졌다. 이들 '루이스 순교자'는 목수나 농부 같은 평범한 서민들이었다. 국가 권력에 심각한 위협이 될 만한 거물들은 전혀 아니었다. 하지만 당시 루이스는 서식스 지역의 가장 중요한 도시였기에 이곳에서 시범 케이스로 이들을 처형한 것이다.

루이스의 11월 5일 화톳불 축제는 이 지역 '순교자'들을 기념하기에 규모나 방식도 다른 도시와는 다르다. 이곳에서는 화톳불 놀이에 횃불 행진을 더한다. 다양한 복장을 입고 횃불을 든 여러 그룹이 시

루이스 순교자들을 기념하는 나무 십자가 횃불

내 중심 도로를 행진한다. 횃불을 들지 않은 사람들은 드럼을 치거나 관악기를 연주하며 동행한다. 불타는 수레를 끌고 달리는 시합도 행사의 일부다. 횃불 행렬에서 가장 눈에 띄는 것은 나무 십자가 횃불. 적어도 한 팀 이상은 17명의 '루이스 순교자'들을 상징하는 십자가 모양에 불을 붙여서 높이 쳐들고 도시를 돈다.

이들은 화형에 처할 '죄수' 인형도 함께 끌고 간다. 매해 불사를 인물들이 조금씩 다르나, 어느 해건 빠지지 않는 것은 가이 포크스와 교황 바오로 5세Paulus PP. V이다. 교황 바오로 5세는 성품이 곱고 온화했던 사람이고 그가 가이 포크스 테러 모의를 사주한 것은 아니지만, 1605년 가이 포크스 음모 당시 가톨릭교회의 수장이었다는 이유로 이렇게 매년 희생당한다.

화형장으로 끌려가는 인물들 중에는 유명 정치인도 포함된다. 해당 해의 영국 수상도 대개 화형을 모면하기 어렵다. 코로나 19 바이러스가 사람들을 집에 가둬두기 전인 2019년 11월 루이스 본파이어에서는 뚱뚱한 보리스 존슨Boris Johnson 수상 인형이 횃불 행렬에 끌려가 불길 속으로 사라졌다. 멀쩡히 살아 있는 수상을 화형시키다니? 이 순간은 당대의 최고 권력자들을 화약으로 날려버리려 했던 가이 포크스를 응징하는 것이 아니라 오히려 그에 동조하는 셈이다.

이렇듯 엄청난 행사를 준비하고 운영하는 클럽이 루이스에만 7개가 있다. 타 지역에서도 30개 가까운 화톳불 클럽이 각기 개성 넘치는 행렬을 준비해서 참여한다. 행렬 참여 인원은 약 5천 명, 길가에서 구경하는 인파도 약 8만 명. 상주인구가 1만 7천 명 정도밖에 안 되는 소도시로서는 엄청난 인파다. 영국 전체에서 이런 규모로 가이 포크스 밤을 기념하는 곳은 없다. 루이스는 스스로 주장하듯이 '화톳불 축제의 수도'라고 불릴 만하다.

다음 날 해가 뜨면 루이스는 언제 그랬냐는 듯 우즈강이 흐르는 고요한 소도시로 돌아온다. 요란한 불놀이는 또 한 해를 꼬박 기다려야 한다.

태워라,
담뱃불은 돈이다

브리스틀 도시 경관

18세기 브리스틀은 영국 식민지와 무역을 통해 활력을 찾는다.
대서양을 건너갔다 돌아오는 그들 배에 실린 것은 담배.
유럽인에게 담배는 매우 효험 있는 좋은 약으로 소개되었다.

우리 시대 브리스틀Bristol의 명소 리스트에서 '토바코 팩토리 극장Tobacco Factory Theatres'은 빠질 수 없다. 원래 담배 공장으로 사용하던 건물이었기에 이름이 그렇다. 이 건물에서는 1910년대부터 담배를 생산했다. 그러나 1980년대에 회사가 다른 도시로 옮긴 후에는 철거 직전의 흉물로 전락했다. 브리스틀 시는 1990년대에 이 건물을 인수해 다목적 공연장으로 개조했다.

애초에 공장으로 지어진 건물이라 그다지 외모가 출중하지는 않다. 그럼에도 이 건물에 브리스틀이 그토록 애착을 갖는 이유가 있을까? 브리스틀은 18세기 초부터 회사가 다른 도시로 옮기기 전까지 담뱃불과 함께 번영을 누렸다. 담배와의 인연은 이 도시에게는 매우 소중하다.

토바코 팩토리의 최초 건물주인 임페리얼 토바코Imperial Tobacco 회사는 한때 이 도시 노동 인구의 40퍼센트를 먹여살렸다. 회사 소유주인 윌스Wills 가문은 이 도시에 그 외에도 많은 도움을 줬다. 1909년에 브리스틀 대학이 정식 인가를 받도록 재정 지원을 해주었고, 자선 사업 재단을 설립해 사회사업을 했다. 직원들의 처우와 복지도 모범적이었다. 노사 갈등과 임금 투쟁은 윌즈 담배 공장에서는 생소한 말들이었다.

브리스틀은 나름 역사가 깊은 명문 도시다. 14세기에는 프랑스 보르도Bordeaux의 포도주를 영국으로 수입하고, 또한 영국의 양모를 유럽으로 수출하는 항구로서 런던과 경쟁할 정도로 위상이 높았다. 그러나 16세기부터 런던에 밀리기 시작하다 17세기에는 런던 인구가 브리스틀의 두 배로 늘어났다.

런던과의 경쟁에서 밀려 맥을 못 추던 브리스틀은 18세기에 새로운 전환점을 맞는다. 영국 서남쪽에 있기에 쉽게 대서양으로 배를 내보낼 수 있는 브리스틀은 북미 대륙의 영국 식민지들과 무역을 하며 활력을 되찾았다. 대서양을 건너갔다 돌아오는 브리스틀의 배들은 모두 같은 화물을 싣고 있었다. 담배.

토바코 팩토리 극장

아메리카 원주민이 피우던 담배는 스페인이 자신들의 식민지에서만 재배하도록 통제했다. 유럽에 이 신기한 물품을 파는 독점권을 지키려는 정책이었다. 그러나 아메리카 대륙으로 진출한 영국인들은 17세기 초에 담배씨를 스페인 식민지에서 몰래 빼와서 재배하기 시작했다. 영국이 신대륙에 최초로 개척한 버지니아 식민지Colony of Virginia(1776년 미국의 독립선언으로 13개 주의 하나인 버지니아주가 된다)는 담배 덕에 경제적으로 자립할 수 있었다. 은과 금이 부족했던 그곳에서는 아예 담뱃잎이 화폐 노릇을 했다.

한편 유럽에서는 소비자들이 담배가 의학적 효험이 좋은 약이라는 '전문가'들의 말을 곧이곧대로 믿었다. 니코틴 처방은 다소 특이한 점이 있었다. 담배의 '치료'에 맛을 한번 들이면 계속 다시 찾게 된다는 속성이 있음을 브리스틀의 무역상들은 재빨리 감지했다.

식품이 아님에도 지속적인 수요가 보장되는 이 효자 상품의 생산지는 대서양 건너 버지니아 식민지. 그곳 농장주들의 가장 큰 문제는 일손 부족이었다. 본국의 담배 수입업자들은 이 문제도 해결해주었다. 브리스틀에서 출항한 영국 배들이 아프리카에서 노예를 사서 버지니아에 배달한 것이다. 노예를 내리고 빈 화물칸에는 다시 버지니아산 담배를 가득 채웠다. 귀한 물건을 싣고 돌아오는 배들을 브리스틀은 반갑고 따뜻하게 맞이했다.

세기가 바뀌고 시대 분위기가 변해서 영국이 아프리카 노예 무역을 금지하자(물 7장 참조), 미국 담배 농장 노동력 공급에 차질이 생긴다. 미국에서는 19세기 중반에 노예 문제를 두고 남과 북이 처절한

19세기 초 담배를 하역하던 브리스틀 항구 전경
(조지프 월터, 〈브리스틀 항구〉, 1835년)

전쟁을 벌인다. 이러한 역사의 소용돌이 속에서도 담배 비즈니스의 성장세는 꺾이지 않았다. 미국의 흑인 노예들은 해방되었으나, 유럽에서는 날로 더 많은 사람들이 니코틴의 노예가 되어갔다.

유럽 담배 시장 형성기인 18세기부터 확장기인 19세기 중반까지, 유럽인이 담배를 소비하는 방식은 담뱃잎을 불에 태워 연기를 마시는 것만은 아니었다. 아직까지 일상에서 담배를 태울 불을 쉽게 구할 수 없었기에, 담뱃잎을 껌처럼 씹거나 담뱃잎 가루를 손가락에 묻혀 코에 넣고 냄새를 맡는 것으로 담배의 '효험'을 체험하곤 했다.

불붙여 피우는 경우에도 담뱃잎을 두껍고 길게 말아 오래 들고 피는 시가가 대종을 이루었다. 오늘날 담배의 대명사가 된 '시가렛cigarette', 즉 '작은 시가cigar'는 각자 손으로 말아서 피웠다. 수요가 늘어나자 공장에 노동자들이 모여 앉아 손으로 담배를 말았다.

　브리스틀의 윌스 가문은 바로 이 지점에서 도약의 발판을 찾아냈다. 1883년에 미국에서 새로 개발한 담배 말이 기계의 영국 내 사용 독점권을 확보한 것이다. 수공업 시대에서 기계화 시대로 순식간에 도약한 브리스틀의 윌스 가문은 인수 합병을 통해 회사의 덩치를 키워 '임페리얼 토바코'를 만들었다. 이 회사는 다양한 마케팅 기법을 개발해 니코틴 중독을 부추기는 조직적인 심리전을 벌였다.

　임페리얼 토바코가 브리스틀 공장을 폐쇄한 1980년대에는 담배라는 상품이 얼마나 인체에 유해한 것인지에 관한 반박하기 어려운 의학적 증거들이 쌓여가고 있었다. 담배 공장이 브리스틀을 떠난 것이 경영진 내부의 사정 때문이지, 객관적 과학 앞에 이윤 추구 열정이 식었기 때문은 아니다. 그러나 세상은 변하고 있었다. 날렵한 담배에 불을 붙여 물고 빨면 사라지는 연기가 고스란히 담배 회사의 수익으로 환생하는 마법에 심각한 제동이 걸리기 시작했다.

　담배 공장이 떠난 영국 담배 사업의 메카 브리스틀. 이 도시의 토바코 팩토리 극장의 무대 위에서는 담배 비즈니스의 마법이 연극의 마법으로 환생한다.

커피와 전쟁,
카페와 작가

트리에스테 시내의 야외 카페

18세기 중반 합스부르크 제국의 최대 항구 트리에스테,
커피 원두는 이곳 부두의 최고 수입품 중 하나였다.
작가 제임스 조이스에게도 커피는 든든한 우군이었다.

커피 한 잔의 맛은 뜨거운 물과 뜨겁게 볶은 원두가 합작해서 만들어낸다. 차는 잎을 말리기만 하면 되지만, 커피 원두는 최소 섭씨 200도에서 최대 섭씨 280도까지 강한 불에 볶아야 한다. 센 불에 익어 까맣게 변신하지 않은 녹색 커피 원두는 푸석푸석한 푸성귀 맛밖에는 나지 않는다.

불과 함께 태어나는 커피 향이 전 세계로 퍼져나가는 데 기여한 나라는 합스부르크 제국이다. 그렇게 된 역사도 불과 관련 있다. 이 불은 평화롭게 커피 원두를 볶는 불이 아니라 인명 살상이 목적인 총포의 화력이다.

에티오피아Ethiopia 사람들이 즐기던 커피가 16세기에 오스만 제국Ottoman Empire의 본부인 터키Turkey로 유입된다. 오스만 제국은 무슬림 제국. 술은 공식적으로 금지되어 있다. 알코올이 차단된 제국의 백성들에게 커피는 강렬한 기호 식품으로 퍼져나간다. 통치자들은 처음에는 커피를 금지하기 위해 맹렬한 조치들을 취했다. 커피 가게에 평민들이 모여서 나랏일에 대해 떠드는 꼴을 두고볼 수 없었기 때문이다. 커피와의 싸움은 쉽지 않았다. 이스탄불Istanbul의 커피 가게들을 강제로 철거하고 커피 상인들을 잡아다 처형했다. 그럼에도 민초들의 커피를 향한 뜨거운 열정을 식힐 수 없었다. 커피와 오스만 제국 권력자의 싸움은 커피의 완승으로 끝난다.

터키 사람들은 무슨 일이 있어도 커피는 반드시 마셔야 했다. 전쟁에 나갈 때도 병사들의 사기를 유지하기 위해서는 커피를 두둑이 챙겨가야 했다.

오스만 제국과 합스부르크 제국은 오랜 원수. 서로 영토가 닿아 있고 종교가 달랐으니 싸우지 않을 도리가 없었다. 1683년에는 터키군이 합스부르크 제국의 수도인 빈 문턱까지 진격한다. 이들은 화약통 곁에 커피 자루를 높이 쌓아놓았다. 연일 대포로 빈의 성벽을 가격했으나 적은 항복할 조짐을 보이지 않는다. 답답한 병사들은 커피로 무료함을 달랬다.

그러던 어느 날, 합스부르크군이 포위망을 뚫으러 진격하고 있다는 첩보를 입수한다. 터키군 장군은 휘하 병력을 별로 신뢰하지 못한다. 대포에 쓸 화약과 커피가 많이 남았으나 그는 퇴각 명령을 내린다. 급하게 철수하다 보니 커피 자루 대부분은 그대로 두고 갔다.

빈에 도착한 합스부르크군은 성 밖에 쌓여있는 자루들을 열어본다. 시퍼런 콩이 잔뜩 들어있다. 이게 뭘까? 이때 마침 한 기병 장교가 앞으로 나왔다. 오스만군에 포로로 잡혀 커피 가게 노예로 팔려가 커피를 볶았던 전력이 있는 사람이었다. 그는 이 자루들을 자신이 가져가겠다고 한다. 쉽게 승낙을 얻은 그는 전역 후 빈에 커피숍을 개장한다.

이렇게 해서 커피 문화가 빈에서 출발해 전 유럽으로 퍼져나가던 시대에 합스부르크 제국은 1719년 아드리아Adria 해안 도시 트리에

스테Trieste에 자유항의 자격을 수여한다. 트리에스테는 오랜 세월 합스부르크 왕조의 영향권에 있었던 다문화, 다인종 도시였다. 이 도시가 이탈리아 영토가 된 것은 제1차 세계대전 이후의 일이다.

18세기 중반에 합스부르크 제국 최대의 항구로 부상한 트리에스테. 이곳 부두에 하역되

빈에 첫 번째 커피숍을 연 것으로 알려진 쿨치키의 동상

는 수입품 중에서 커피 원두는 매우 큰 비중을 차지했다. 트리에스테에 수입되는 커피 원두는 처음에는 주로 빈의 소비자들을 겨냥한 것이었으나 트리에스테도 이내 커피 소비 도시로 도약했다.

트리에스테 커피 가게들은 원두를 어떻게 로스팅해야 가장 좋은 향을 얻을지 실험해보고 연구했다. 빈의 커피숍들을 모방해 우아한 인테리어를 갖추는 데도 열심이었다. 1748년에 최초의 커피숍이 트리에스테에 세워졌다. 이 가게가 지금은 남아있지 않으나, 19세기부터 지금까지 계속 영업 중인 역사적인 카페들이 몇 군데 있다. 1830년에 개점했음을 자랑하는 '카페 토마세오Caffè Tommaseo'도 그중 하

카페 스텔라 폴라레

나다. '카페 델리 스페키Caffè degli Specchi'는 1839년생임을 당당하게 주장한다.

이들보다는 다소 젊은 편이지만 '카페 스텔라 폴라레Caffè Stella Polare'는 20세기 초 아일랜드에서 온 한 무명작가 덕에 유명해졌다.

1905년, 모더니즘의 귀감으로 추앙받는 『율리시즈Ulysses』를 지은 천재 작가 제임스 조이스James Joyce(1882~1941)는 더블린을 떠나 이 도시에서 살고 있었다. 대중이 원하는 작품을 쓴 바 없기에 인세 수입이 없었던 조이스는 성인들을 대상으로 하는 영어 학원 선생을 하며 동거녀 노라 바너클Nora Barnacle과 근근이 생계를 이어가고 있었다. 조이스는 전형적인 아일랜드인. 그는 기왕이면 커피보다는 술을 더 선호했다. 그렇긴 해도 자신이 일하던 영어 학원 곁에 있는 카페 스텔라 폴라레에서 많은 시간을 보냈다. 그가 살림을 차린 갑갑한 단칸방에 비하면 이곳은 천국이나 다름없었다.

1905년 7월 27일은 유난히 더웠다. 그는 오전 수업을 마치고 오후에 해수욕이나 갈 참이었으나, 생각을 바꿔 스텔라 폴라레에서 커피를 한 잔 하고 집으로 발길을 돌렸다. 집에 갔더니 동거녀는 해산의 고통에 몸부림치고 있었다. 의사를 돈 주고 불러올 능력이 안 되는 조이스는 마침 자기 영어 학원 학생 중에 의사가 한 명 있음을 기억하고 그를 찾아간다. 이 의사 제자의 무료 서비스 덕에 그의 첫 아들이 무사히 태어났다.

　　조이스는 그 후로도 여러 해를 트리에스테에서 보냈다. 그의 경제 형편은 별로 나아지지 않았다. 부실한 가장을 둔 그의 부양가족도 덩달아 고생했다. 그럼에도 조이스는 돈이 될 책 쓰기를 거부하고 자신의 천재성을 확신하며, 기발하고 특이한 창작의 길을 꿋꿋이 걸어갔다. 가난한 천재의 생활고와의 싸움에서 트리에스테의 원두커피는 든든한 우군이었다.

시위대의 촛불과
처녀들의 등불

고등법원이 보이는 라이프치히 전경

한 손은 초를 들고 한 손으로는 불을 보호하느라
사람들은 그 어떤 무기도 들 수 없었다.
그럼에도 빛나는 촛불은 그 어떤 무기보다 강력했고,
1989년 11월, 동독 정권과 함께 베를린 장벽을 무너뜨렸다.

교회 안에서 불온한 집회가 열리고 있음은 익히 알고 있었다. '평화의 기도 모임'을 한다며 반동분자들이 거기서 모인 지는 벌써 여러 해됐다. 집회가 끝나고 교회 문이 열린다. 그런데 이날따라 안에서 나오는 인원이 평소보다 많다. 대략 7천에서 8천 명? 놀랍기는 하나 어느 정도 예상했던 상황이다. 그런데 교회에서 나오는 반동분자들이 모두 한 손에 촛불을 켜서 들고 있다. 전혀 뜻밖이다.

시위대가 돌을 던질 경우, 무장 경찰의 무기 탈취를 시도할 경우 어떻게 대응할지는 상부에서 확실히 지시해놓았다. "지체 없이 발포하라." 그러나 지금 시위대는 촛불을 켠 채 다만 앞으로 행진할 뿐이다. 초를 내려놓고 돌을 집어들 조짐은 전혀 보이지 않는다. 이내 그들은 한목소리로 외치기 시작한다. "우리가 인민이다!"

이날은 교회 근처 광장에도 군중이 운집해 있었다. 군중의 수는 점점 더 늘어난다. 거의 10만 명에 육박한다. 이들을 진압할 병력은 6천 명 정도. 숫자가 문제는 아니다. 소총은 이럴 때 쓰라고 있는 것. 인근 건물에는 기관총까지 장치해놓았다. 그러나 명령은 떨어지지 않았다. 평화롭게 촛불을 든 채 "우리가 인민이다!"를 외치는 이들 앞에서 인민의 이름으로 독재 권력을 휘두르던 자들은 순간 무기력해지고 만다.

1989년 라이프치히 촛불 시위에 나선 시민들

1989년 10월 9일, 동독 제2의 도시 라이프치히Leipzig의 성 니콜라이 교회St. Nikolaikirche 앞에서 벌어진 광경이다. 시위대의 배후는 이 교회의 젊은 목사 크리스토프 보네베르거Christoph Wonnerberger와 크리스티안 퓌러Christian Führer. 무신론이 공식 이념인 공산주의 국가 동독에서 매주 월요일 5시에 몇 명의 용감한 기독교인이 모여서 열던 기도회는 몇 년 새 집권당과 정부가 가장 거북해 하는 반체제 모임으로 발전해있었다.

이날 기도회에 모인 수천 명의 시민은 그냥 조용히 흩어져 귀가할 마음이 없었다. 드디어 거사의 날이 온 것인가. 교회 밖에서는 무장 경찰이 이들을 기다리고 있었다. "하느님, 어찌 해야 좋은가요." 기도하던 이들은 이내 답을 얻었다. 기도를 위해 밝힌 촛불을 들고 나가자! 한 손으로 촛불을 들고 다른 손으로 불을 보호하려면 돌을 잡거나 무기를 탈취할 손이 남지 않는다. "그들이 우리를 쏠까요?" "모든 것을 주님께 맡깁시다."

이들의 연약한 촛불은 그 어떤 무기보다도 강력했다. 이때부터 라이프치히에서 동독 전역으로 확산된 인민의 시위는 정확히 한 달 후인 11월 9일, 마침내 베를린 장벽을 무너뜨렸다.

20세기 역사상 가장 감동적인 정치 혁명의 진원지 니콜라이 교회는 18세기 초, 감동적인 교회 음악을 수없이 창조해낸 한 거장이 활동하던 곳이다. 그의 이름은 요한 제바스티안 바흐Johann Sebastian Bach(1685~1750).

라이프치히는 마르틴 루터Martin Luther(1483~1546)가 개신교 종교 개혁을 일으킨 작센Sachsen 지방에서 가장 번화한 도시였다. 이 도시의 심장은 20세기에나 18세기에나 니콜라이 교회. 18세기에도 많은 시민들이 니콜라이 교회에 모였다. 다만 그 시간은 월요일 저녁이 아

라이프치히 토마스 교회 앞에 있는 바흐의 동상

니라 일요일 오전, 주일 예배 시간.

일요일 예배는 아침 7시에 시작되었다. 3시간 이상 이어지는 예배에서 음악은 매우 중요한 역할을 했다. 오르간과 교회 합창단, 기악 연주자들은 교회 2층 베란다에서 각 순서에 맞게 음악을 연주했다. 설교 전에 칸타타cantata를 공연하고, 설교 후 성찬식 때도 음악은 계속 이어졌다. 교회에 모인 성도들이 한목소리로 찬송가를 부르는 코랄Choral도 루터식 예배에서 빼놓을 수 없는 순서였다.

바흐는 라이프치히에서 예배 때 쓸 칸타타 약 300여 곡을 작곡했다. 이 중 198편의 악보가 남아 있다. 음악학자들은 그의 수많은 칸타타 중에서도 예술적인 완성도가 가장 높은 작품으로 칸타타 140번, 〈깨어나라고 우리에게 외치는 소리 있어Wachet auf ruft uns die Stimme〉를 꼽기에 주저하지 않는다. 바흐는 이 곡을 니콜라이 교회에서 1731년 11월 25일 예배 때 초연했다. 추운 겨울, 실내 난방이 전혀 없던 교회 건물에서 언 손을 촛불에 녹이며 이 곡을 연주했을 것이나, 곡은 밝고 온화하다.

모든 예배 칸타타는 성경 본문과 연결된다. 이 곡은 「마태복음」 25장, 예수가 전해준 '열 처녀의 비유'를 극화한다. 등잔불을 켜들고 혼인식장으로 신랑이 도착하기를 기다리던 열 처녀들. 이 중 다섯은 충분히 기름을 준비해놓았으나, 나머지 다섯은 그러질 않았다. 그런데 신랑은 기다려도 오지 않는다. 처녀들의 등은 기름이 다 타서 꺼진다. 마침내 신랑이 도착한다. 기름을 예비해놓은 처녀들은 불을 다시 붙인다. 나머지 다섯은 기름이 없어 등불을 켜지 못한다. 혼인

식장에는 커진 등불을 든 처녀들만 입장할 수 있었다.

인간 영혼의 구원을 예수와의 혼인으로 비유한 이 본문에 맞춰 바흐의 이 칸타타에는 예수의 역할을 하는 바리톤이 등장한다. '영혼'은 소프라노에게 배정된다. 바리톤과 소프라노, 즉 예수와 '영혼'은 두 번에 걸쳐 사랑의 이중창을 부른다. 첫 곡과 네 번째 곡은 마지막에 부르는 코랄 선율, 〈깨어나라고 우리에게 외치는 소리 있어〉를 정교하면서도 정갈한 다성 음악으로 구현한다.

1731년 11월, 니콜라이 교회에서 등잔불 기름으로 비유된 믿음의 소중함과 신랑 예수와의 신비로운 결합을 노래하는 음악이 울려 퍼졌다. 1989년 10월, 니콜라이 교회의 문을 나선 이들은 촛불을 손에 들고 "우리가 인민이다!"를 외쳤다. 이들의 믿음과 소망에 화답해 신랑 예수는 역사 회복의 혼인 잔치에 라이프치히 시민들을 초대했다.

CODE 4

돈

사랑의 여신은
돈을 좋아해

코린토스 지협을 가로지르는 코린토스 운하

육상 및 해상 교통의 요지였던 고대 코린토스는
아프로디테 여신을 그 어떤 신보다 극진히 섬겼다.
여사제들이 특별한 '신도'들을 맞이했기 때문이다.

코린토스Korinthos(코린트)가 위치한 코린토스 지협을 가로지르는 직선거리는 6.3킬로미터밖에 안 된다. 이 좁은 지협은 양편의 두 바다, 사로니코스만과 코린토스만을 연결해준다. 고대 그리스 시대에는 여기에 육로 디올코스Diolkos를 건설해 배를 끌어서 반대편 바다에 내려놓았다.

세상에 무서울 게 없던 알렉산드로스 대왕(돌 1장 참조)은 기회가 되는 대로 이 지협에 운하를 뚫을 작정이었다. 그러나 그가 일찍 죽는 바람에 계획은 실현되지 못했다. 운하 건설에 착수한 사람은 로마의 네로Nero Claudius Caesar Drusus Germanicus(37~68) 황제. 서기 67년에 공사를 시작했으나 공사 도중 황제가 죽는다. 운하 공사가 재개되기까지는 그 후로 약 1,800년을 기다려야 했다. 1893년에 개통한 코린토스 운하로 마침내 두 바다가 연결되기는 했으나 폭이 너무 좁아 화물 운송에는 적합하지 않았다. 오늘날 이 운하는 주로 관광 유람선용으로 쓰인다.

현대 코린토스가 이 운하 덕에 올리는 관광 수입은 그리스의 다른 관광지나 휴양지에 비하면 높은 편은 아니다. 운하가 없던 고대 코린토스의 수입에 비해서도 보잘것없었다. 고대 코린토스는 현재 도시보다 약 5킬로미터 남쪽에 있었다. 19세기에 지진으로 도시가 파괴되자 북쪽 해안에 새로 도시를 건설한 것이 현재의 코린토스다.

고대 코린토스는 육상 및 해상 교통의 요충지라는 이점을 활용해 막대한 부를 축적했다. 다른 것은 몰라도 돈만 따지면 아테네와 견줄만한 도시였다. 코린토스의 부는 순전히 무역 덕이었을까?

고대 코린토스는 아프로디테Aphrodite 여신과 각별한 관계를 맺고 있었다. 코린토스에서 찍은 화폐에는 아프로디테의 형상이 새겨져 있었다. 당시 이 여신에게는 세 개의 사당이 배정되었다. 시내에 두 개, 그리고 도시를 굽어보는 아크로코린토스Acrocorinth 언덕 위에 하나.

왜 아프로디테는 코린토스에서 다른 신들이 부러워할 만한 특별대접을 받았을까? 아프로디테는 바다에서 태어난 여신, 코린토스가 항구 도시였기에? 배들의 항해가 걱정되면 차라리 바다의 신 포세이돈Poseidon에게 아부하는 편이 더 나았을 것이다.

아프로디테의 고유 영역은 성적 욕구와 섹스. 코린토스항에 정박하는 배들에는 성욕이 들끓는 사내들이 넘쳐났다. 선원과 상인 외에도 순전히 섹스 관광이 목적인 자들도 많았다. 이들이 코린토스에 도착하면 언덕 위에 하얀 대리석으로 아름답게 지어놓은 아프로디테 신전부터 눈에 들어왔다. 그곳은 이 도시의 섹스 산업을 주도하고 관리하는 본부였다.

기원전 1세기에 지중해 지역을 두루두루 여행했던 그리스인 지리학자 스트라본Strabon(B.C.64?~A.D.23?)은 언덕 위 신전에서 1천 명 정도의 '여사제'가 '신도'들을 맞이했다고 기록했다. 이들이 여신을 섬

아프로디테 여신이 새겨진 코린토스의 동전

기는 방식은 '신도'들과 성관계를 맺는 것이었다. 스트라본이 분명히 밝히지는 않았지만, '섬김'의 장소가 신전 내부는 아니었다. 아크로코린토스에서 발굴한 신전 터는 그다지 크지 않다. 여사제들이 열성 신도들을 맞이할 시설도 발견되지 않았다.

신전으로 올라온 사내들은 언덕 아래 도시의 주점들이나 '여사제' 들의 거처에서 일을 치렀다. 사내들은 정해진 액수를 미리 지불했다. 이들의 아프로디테 경배는 한 번으로 끝나지는 않았다. 스트라본은 코린토스에 온 남자들이 가져온 돈을 모두 탕진하는 일도 빈번했다고 기록했다. 이 때문에 생긴 격언마저 있었다. "코린토스 여행은 아무나 할 게 아니다."

우리가 사는 시대에는 섹스에 대해 조금이라도 부정적인 말을 하면 발끈하는 사람들이 많다. 고고학자들도 예외가 아니다. 스트라본

고대 코린토스 항구에 남아있는 유적

의 증언을 반박하려 애쓰는 이들이 적지 않다. "아프로디테 숭배가 그렇게 저급했을 리 없어!"

그러나 아프로디테 여신을 각별히 모시던 코린토스가 성매매 산업의 메카였음을 증언하는 기록은 스트라본의 것 외에도 많다.

손님과 사랑을 나누는 여인들이여!
부유한 코린토스의 여종들이여!
그대들의 영혼은 아프로디테를 향해 솟아오르는구나!
― 「찬가Enkomia」 단편 122

기원전 5세기 서정 시인 핀다로스Pindaros(B.C. 518~B.C. 438)는 이렇게 노래했다. 코린토스 출신 운동선수가 올림피아 제전에서 우승한 후, 그 기념으로 100명의 '여사제'를 구입해 코린토스 아프로디테 신전에 기부했다는 기록도 있다.

사람이 물건인가, 사서 주다니? 그랬다. 이들은 물건처럼 취급받는 노예들, '포르나이pornai'였다. 개인 포주나 신전 소유물인 '포르나이'와의 섹스 비용은 1회당 은화 1드라크마. 노예는 사유 재산을 소유할 수 없기에 돈은 주인이 가져갔다.

코린토스 '여사제'가 모두 노예 신분인 것은 아니었다. 이들이 자유인이면 최소 4에서 5드라크마, 숫처녀일 경우에는 수십 드라크마까지 받았다. 자유인들은 수입금의 일부를 본인의 몫으로 챙겨갈 수 있었다.

이들 '포르나이'보다 한 급 위인 '헤타이라이hetairai'는 독립 자영업자들이었다. 수입이 훨씬 더 많았다. 헤타이라이들은 1회당 일정액을 받는 대신 일정 기간 특정 고객의 전용 파트너 역할을 했다.

포르나이급이건 헤타이라이급이건, 코린토스에서 이들이 섹스를 팔아 받은 돈은 온 도시를 살찌웠다. 코린토스가 섹스의 여신 아프로디테를 극진히 섬긴 이유다.

그가 맞은
신부의 이름은 가난

아시시의 중세도시 거리

◇ 누구도 돌보지 않았던 '가난'과 결혼한 아시시의 프란체스코
돈 버는 재미에 푹 빠진 이탈리아 상인들을 향해 외친다.
"돈의 종이 되지 마세요. 가난한 이들을 돌보십시오."

첫 남편을 여읜 그녀는 천 백 년 이상

그가 올 때까지 초대받지 못한 채

아주 쓸쓸히 무시당했지요.

두 연인의 화합과 기쁨,

사랑과 기적과 달콤한 시선은

신성한 묵상을 낳았지요.

단테는 『신곡』의 「천국Paradiso」 11곡에서 아시시의 성 프란체스코 San Francesco d'Assisi(1182~1226)의 위대함을 이렇게 칭송한다. 프란체스코의 가장 위대한 업적은 '그녀'와의 결혼이다. 그녀의 이름은 '포베르타Povertà'(가난). '포베르타'는 예수가 첫 '남편'이었으나 예수가 부활, 승천한 후 아무도 거들떠보지 않았다. 일천백 년이 넘도록 천대받던 이 여인은 1200년대 초, 드디어 새로운 짝 프란체스코를 만난다.

프란체스코는 새롭게 부상하는 중부 이탈리아 도시 아시시Assisi의 부유한 상인 피에트로Pietro di Bernadone의 아들로 태어났다. 옷감 도매업자이자 은행업자였던 부친은 능력 있고 분주한 상인이었다.

성 프란체스코 동상

그의 이름이 '프란체스코'인 것도 아버지가 사업차 프랑스(이탈리아어로 프란치아Francia)에 출장 가 있을 때 태어났기 때문이다.

프란체스코는 부친의 사업을 물려받도록 예정되어 있었다. 그러나 아들은 점점 더 이상한 증상을 보인다. 아버지 가게에서 일을 하다가 툭하면 기도문을 중얼거리지 않나, 아시시 길거리 걸인들에게 돈을 뿌려대지 않나, 입고 있던 옷을 벗어주질 않나.

다른 부유한 이탈리아 도시들과 마찬가지로 아시시에도 가난한 이들은 수두룩했다. 갈 때까지 간 사람들은 길거리로 쫓겨났다. 이들은 길바닥에 주저앉아 행인의 긍휼을 갈구했다. 프란체스코는 이들을 볼 때마다 가슴이 미어졌다.

아시시에서 가장 처참한 처지는 나병(한센병) 환자들의 몫이었다. 이들은 낮에는 도시에서 구걸했으나 해가 지면 도시에서 추방당했다. 프란체스코는 병으로 얼굴과 손이 뒤틀린 이들에게도 돈을 주었을 뿐만 아니라 포옹했다.

아버지의 인내심은 한계에 이른다. '내가 이 꼴을 보려고 저 놈을 지금까지 키웠나? 들인 돈이 얼마인데?' 부친은 아들을 감금해서라도 정신을 차리게 할 참이었다. 이에 아들은 아버지를 피해서 도시 밖 동굴에 숨는다. 아들은 아들대로 고민이 깊었다. '가난한 이들을 이용해 아버지처럼 돈을 번다? 그럴 수는 없다. 그렇다면? 아버지와 인연을 끊는다? 불쌍한 어머니는 어쩌고? 주님, 제가 갈 길을 보여주소서! 성모님, 저를 도우소서!'

눈물과 기도로 여러 날을 보내던 프란체스코는 마침내 아버지에게 자신의 뜻을 당당히 알릴 힘을 얻는다. 아시시로 돌아가는 프란체스코를 알아보는 사람들은 많지 않다. 쇠약하고 누추한 걸인이나 다름없는 모습으로 그는 집에 도착한다.

아들의 행색도 놀랄 만했으나 하는 말은 더욱 더 충격적이었다. "저는 이제부터 온 세상의 죄를 속죄하는 삶을 살겠습니다."

격노한 아버지는 그를 아시시의 법정으로 끌고 간다. "너한테 그간 들인 돈을 내가 다 받아낼 때까지, 넌 내 밑에서 일해야 한다!"

아시시 법원에서 프란체스코는 입고 있던 옷을 모두 벗어서 아버지 발 아래 갖다 놓는다. 그가 아직 갖고 있던 동전 몇 푼도 옷 위에 얹어놓는다. 그리고서는 법정에 있는 모든 사람들 앞에서 고요하지만 단호한 목소리로 선언한다.

"지금까지는 이 분을 내 아버지로 불렀으나, 내게 준 돈 때문에 그토록 분노하니, 내가 입고 있던 옷도 그가 준 것이므로 이 모든 것을 반환합니다. 이제부터 나의 아버지는 하늘에 계신 아버지이지 이 분이 아닙니다."

이렇게 시작된 프란체스코의 '가난'과의 동거는 순수하고도 철저했다. 그는 맨발에 사시사철 옷 한 벌만 입고 이탈리아 도시들을 걸어 다니며 설교했다. "돈의 종이 되지 마세요, 가난한 이들을 돌보세요, 그리스도의 사랑을 실천하세요."

돈 버는 재미에 푹 빠진 이탈리아 도시 상인들로서는 매우 듣기 싫은 소리였다. "어디 조용한 수도원 하나 지어줄 테니, 거기서 기도나 하고 지내지?"

돈 있는 사람들은 이렇게 제안했으나 '가난'과 결혼한 그는 받아들일 수 없었다. 돈과 물질로부터 전혀 자유롭지 않은 교회 지도자들도 예수처럼 집도 절도 없는 무소유의 삶을 실천하는 프란체스코를 보고 마음이 편할 리 없었다. "자네가 예수야? 그럼 우리는?"

프란체스코에 동조한 사람들이 하나둘씩 모여들었다. 교황도 그들의 진정성을 인정하지 않을 수 없었다. 이에 수도회가 결성됐다. 그가 죽자 그는 신속히 성인으로 추앙됐다. 그의 고향 아시시는 프란체스코의 유해를 안장하기 위해 근사한 석조 교회를 세우기로 결

포르치운콜라를 내부에 넣고 지은 산타 마리아 델리 안젤리 성당

정한다. 그가 죽은 지 2년 후에 곧바로 착공에 들어갔다.

이렇게 지어진 아시시의 대표 명소, 성 프란체스코 성당Basilica di San Francesco은 가난과 결혼했던 프란체스코와는 어울리지 않게 웅장하다. 그의 자취를 느끼려면 아시시에서 약간 떨어져 있는 산타 마리아 델리 안젤리Santa Maria degli Angeli 교회로 가야 한다. 여기서 가볼 곳은 포르치운콜라Porziuncola(작은 지분). 작은 돌 예배당이 화려한 대리석 교회 안에 들어가 있다. 이 좁은 집에서 프란체스코는 가난과 살림을 차렸다. 가난과 한 식구가 되려는 이들을 이곳에서 맞이했다. 그리고 가난과 함께 사느라 극도로 상한 육체를 이곳에 남긴 채, 그의 영혼은 가난한 자들의 구세주 곁으로 갔다.

흙과 뼈,
은과 돈

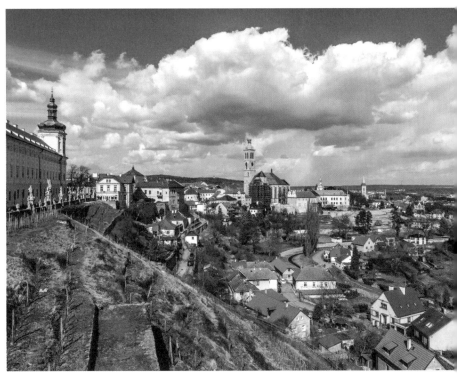

성 야고보 교회와 예수회 대학이 보이는 쿠트나호라 전경

쿠트나호라는 중세 때나 현대에나 사람을 모았다.
과거에는 13세기부터 발견된 은광 덕에 만들어진 은화,
지금은 수만 개의 유골로 장식된 세들레츠 수도원.

프라하 동쪽에 있는 아담한 중세 도시 쿠트나호라Kutná Hora는 세들레츠Sedlec 납골당으로 유명하다. 이곳에 수만 개의 뼈와 해골로 온갖 형상들을 만들어놓은 것을 구경하러 사람들이 모여든다. 미사용 제단이나 기둥 장식은 물론이요, 천정에 걸어놓은 샹들리에도 사람 뼈와 해골로 만들었다. 납골당을 보러 오는 사람들은 매년 20만 명에 육박한다. 이들이 쿠트나호라나 프라하에서 쓰고 가는 돈도 만만치 않다.

이 좁은 수도원 예배당에 죽은 사람 약 4만 명에서 8만 명의 뼈가 안치되어 있다. 뼈들의 원래 주인은 한때 자신들의 신체를 지탱해주던 부품들이 관광객의 구경거리로 전락할 줄은 미처 몰랐을 것이다. 이들은 이런 신세가 되려고 이곳에 묻힌 것은 아니다.

쿠트나호라를 개발한 이들은 시토회 수도사들로, 1278년에 수도원 원장이 보헤미아Bohemia 왕의 특명을 받고 예루살렘Jerusalem 성지 순례를 다녀왔다. 왕은 원장이 자랑할 만한 성물을 가져오기 바랐지만, 막상 그의 여행 짐에는 흙만 한 줌 들어 있었다. 하지만 보통 흙이 아니었다. 예수가 십자가에 못 박혀 처형당했던 골고다 언덕에서 퍼온 흙이었다. 원장은 이 흙을 수도원 묘지에 뿌렸다. 이 소문이 보헤미아를 비롯해서 중부 유럽에 널리 퍼지자, 이곳은 최고의 묏자

수만 개의 뼈로 장식된 세들레츠 납골당

리로 등극했다.

고인의 품행이 완벽하지는 않았다. 예수를 진심으로 믿었는지도 잘 모른다. 그러나 고인을 골고다 흙이 있는 이곳에 안장하면 골고다에서 죽은 후 부활하신 예수가 그의 영혼을 챙겨주지 않을까? 이러한 믿음과 기대에서 사람들은 시신을 메고 이 수도원을 찾아왔다.

난세에는 시체의 수가 급증했다. 14세기 흑사병이나 15세기 보헤미아 지역의 내전으로 사망한 수천 명의 시신이 세들레츠 수도원 묘지로 몰려들자 묘지는 포화 상태가 되었다. 묘지가 명소가 되니 그 곁에 장례식을 치를 수도원 교회를 지어야 했다. 교회를 지어놓자 이곳으로 들고 오는 시신들은 더 늘어났다. 16세기부터는 유골들을 교회 한곳에 쌓아놓기 시작했다.

뼈와 해골은 산 사람이 보기에 좋을 리가 없다. 골고다 흙의 효험을 맹신하던 시대에서 이성과 과학을 맹신하는 시대로 바뀌던 19세기 후반, 이 뼈들을 덜 흉하게 배열하는 작업을 개시했다. '기왕이면 아름다운 예술로 만들어보지?' 쿠트나호라의 권력자 슈바르첸베르크Schwarzenberg 가문이 이 작업에 돈을 댔다. 후세에 자신들의 업적을 알리기 위해 이들은 뼈와 해골로 자신들의 가문 문장을 만들도록 시켰다.

세들레츠 수도원 묘지에 시체들이 쌓이던 시대에 쿠트나호라에는 돈도 쌓였다. 정확히 말하자면 돈이 이곳에서 태어났다. 13세기부터 이 근처에 은광이 발견되어 은을 캐기 시작했다. 보헤미아 왕

프라하의 은화 프라거 그로셴

들은 이곳에서 은화 프라거 그로셴Prager Groschen을 찍어냈다. 돈을 찍는 이 도시에 왕들은 궁을 짓고 자주 들렀다. 유럽 대륙 중간 지대에 위치한 보헤미아에서 보헤미아 왕이 가치를 보장하는 프라거 그로셴은 16세기 초까지 중부 유럽의 국제 화폐 역할을 했다.

그러나 1526년을 기점으로 쿠트나호라의 영광은 쇠퇴하기 시작한다. 이 해에 보헤미아 전체가 오스트리아 합스부르크 왕실 영토로 편입된다. 빈의 왕과 귀족들은 보헤미아에서 찍어내는 은화가 국제 결제 화폐로서 위세를 떨치는 꼴을 달갑게 여기지 않았다. 자연재해도 쿠트나호라에 치명적인 일격을 가했다. 1546년에 이곳에서 가장 큰 은광이 홍수에 잠기는 참사가 벌어졌다. 이 무렵 보헤미아 개신교도가 빈의 가톨릭 왕실에 대항해 총칼을 들고 봉기한 것도 쿠트나호라 은광에는 전혀 도움이 되지 않았다. 1547년에 새로운 은광이 발견되자 빈 정부는 프라거 그로셴 발행을 중지시켰다. 17세기에 보헤미아에서 촉발된 30년 전쟁은 쿠트나호라의 재기 가능성을 완전히 없애버렸다.

이러한 일련의 불운한 사건들이 일어나지 않았더라도 은광 곁에서 은화 발행으로 번영을 누리던 쿠트나호라는 강력한 경쟁자들의 도전을 받을 운명이었다. 유럽에서 금광은 귀하다. 그리스·로마 시대부터 화폐에 사용된 금속은 은이었다. 중세 말기부터 유럽 경제의 규모가 점점 커짐에 따라 결제 액수도 덩달아 커졌다. 이때마다 엄청난 양의 은화를 들고 다니는 불편을 감수해야 했다. 아니면 큼직한 은화를 발행해야 했으나, 무겁고 거추장스럽기는 마찬가지였다.

유럽과 달리 서아프리카 세네갈Senegal 지역에는 금광이 많았고 쉽게 금을 캘 수 있었다. 민첩하고 재기 발랄한 이탈리아 도시의 상인들은 13세기에 이 금을 안정적으로 조달받을 통로를 개척했다. 세네갈의 금을 아랍 상인들이 사하라Sahara 사막을 가로질러 운반해 모로코와 알제리Algérie까지 배달하면, 배를 태워 지중해를 건너 이탈리아반도로 보냈다. 이 금의 일부는 베네치아로 가서 '두카토ducato'로, 일부는 피렌체로 가서 '피오리노fiorino'로 변신했다.

피오리노와 두카토를 필두로 금화가 널리 유통되기 시작하자, 은화는 금화보다 한 급 낮은 처지로 전락했다. 15세기 말부터는 포르투갈 배들이 직접 서부 아프리카에서 금을 유럽으로 들여왔다(돈 4장 참조). 합스부르크 왕가에서도 16세기부터 금화를 찍어냈다. 장군이나 고위 관료들에게 지불할 봉급은 금화로 계산했다. 보헤미아의 도시 프라하나 쿠트나호라에서도 고액 거래는 금화의 영역이 되었다.

중부 유럽을 금화가 장악하기 전, 흰색 은화의 시대에 전성기를 구가하던 쿠트나호라는 역사의 뒷전으로 밀려났다. 세월이 흘러 금화도 은화도 아닌 지폐와 신용 카드가 결제 수단인 시대에 쿠트나호라는 세들레츠 납골당의 하얀 뼈와 해골들과 함께 관광 도시로 다시 살아났다.

사람의 목에 달아놓은
물건 가격표

리스본 펠로리뉴 광장

◇　15세기 말 리스본에서는 신기한 장터가 열렸다.
　　꼿꼿하게 두 발로 선 검은 피부의 사람들이 이곳에서
　　쇠사슬에 묶여 가격표가 달린 채 물건처럼 팔렸다.

유럽의 작은 나라 포르투갈이 아프리카, 아메리카, 인도, 아시아의 해안을 지배하는 해상 제국으로 부상한 15세기 말. 수도 리스본Lisboa에서는 이제껏 유럽 어느 나라에서도 본 적 없던 신기한 장터가 열렸다.

부둣가에서 멀지 않은 도시 한복판, 펠로리뉴Pelourinho(형틀) 광장. 구매자들이 어슬렁거리며 살 '물건'을 살펴본다. '물건'들은 꿈틀거린다. 네 발 달린 짐승들? 아니다. 꼿꼿하게 두 발로 서서 앞을 응시하는 인간들이다. 벌거벗은 몸, 늠름한 몸매, 검은 피부. 이들의 손과 발에는 쇠사슬이 채워져 있다. 각 사람의 목에는 헝겊 조각 같은 것이 걸려 있다. 양피지에 적어 놓은 '가격표'이다.

아프리카 노예장사는 포르투갈 왕의 독점 사업이었다. 국왕은 1486년에 '카사 도스 이스크라부Casa dos Escravos'(노예청)를 아프리카 무역청인 '카사 드 기네Casa de Guiné' 밑에 신설했다. '카사 드 기네'는 서부 아프리카에서 오는 금을 처리하는 것만으로도 업무가 폭주했다(돈 3장 참조). 포르투갈 상인들은 처음에는 금을 얻으려고 서부 아프리카에 무역 사무소들을 개설했다. 그런데 이 지역에서 서로 노예를 잡아 파는 인신매매가 성행함을 발견하고는 그쪽으로도 사업을 확장했다. 우수한 선박을 운행하는 포르투갈인들은 아프리카 내부의 노예무역을 이내 독점했다.

그 사이 포르투갈 소유의 섬과 땅들이 하나둘씩 늘어났다. 새로운 식민지에서는 노동력이 절대 부족했다. '아프리카 노예들을 좀 사다 쓰면 안 될까?'

경제 논리로는 전혀 문제가 없었다. 국왕도 적극 권장했다. 문제는 종교였다. '사람을 물건처럼 사서 짐승처럼 부려먹는다? 신부님들이 뭐라고 하려나? 이게 죄가 돼서 내가 죽은 후 좋은 데 못 가는 건가?'

다행히도 포르투갈 교회는 국왕이 자기 맘대로 주무르고 있었다. 국왕이 추진하는 국가적 사업을 교회가 막을 도리는 없었다.

아프리카 노예들의 놀라운 체력과 신기한 피부색에 대한 소문은 본국에도 급속히 퍼져나갔다. '우리도 흑인 노예를 소유하면 안 될까?'

새로운 사업에서 세금을 걷을 수 있었기에 국왕은 당연히 찬성했다. 교회가 좀 걸리기는 했다. 유럽 밖에서 노예장사를 하는 것과 기독교 왕국의 수도 리스본에서 공공연히 노예를 거래하는 것은 다른 문제였다. '모든 이웃을 자신처럼 사랑하고 가르친 예수를 믿는다는 우리가 그래도 되나?' 우려의 목소리가 없지는 않았으나 대세에 영향을 미칠 정도는 아니었다.

리스본으로 배에 싣고 오는 노예들의 수가 많은 편은 아니었다. 한 해에 300명에서 700명 정도의 아프리카인이 리스본에 하역되었다. 상류층이 주요 고객들이었다. 일종의 과시용 사치품으로 이들을

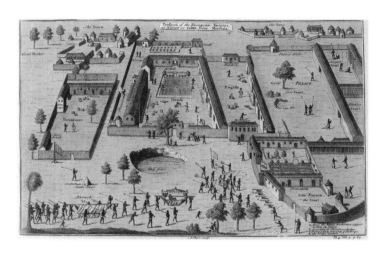

서아프리카 해안에 있던 유럽 상인들의 노예기지(나다니엘 파르, 1746년)

구매해서 하인으로 썼다.

아무리 특수한 거래이기는 해도 장사는 장사. 적정 가격을 정해야 했다. 국왕이 전권을 부여한 '노예청'은 수입되는 노예들의 성별과 나이를 확인하고 의료진을 불러 건강 상태를 면밀히 점검했다. 이들의 치아 상태를 살폈고, 제자리 뛰기나 달리기 등 간단한 테스트를 거쳐 팔다리가 멀쩡한지를 확인했다. 신체에 약간의 결함이 있으면 장부에 정확히 기재했다. '노예청' 관리들은 의료진과 함께 '물건'마다 가격을 정했다. 최상급 노예들은 12세에서 18세 사이의 남성. 나이가 이보다 많으면 아무리 건강해도 가격이 내려갔다.

다른 시장과 마찬가지로 노예 시장도 수요와 공급에 따라 가격이 달라졌다. 1490년대에는 건강한 십대 남성 값이 두당 5천 레알 급이

15세기 유럽 최초로 세워진 포르투갈 라고스 노예시장

었으나 1510년대 초에는 7천 레알 선까지 뛰더니 1520년경에는 8천 레알에 육박했다. 젊은 여성 노예도 이 수준은 아니지만 괜찮은 가격에 팔렸다. 나이가 많거나 너무 어린 노예들은 최고가의 약 60퍼센트 정도에 팔렸다. 병들었거나 기타 하자가 있어서 잘 안 팔리는 노예들은 대여섯 명씩 한 묶음으로, 건강한 노예 한 사람값 정도를 받고 팔았다.

노예도 사람이라 영원히 살지 못한다. 주인들은 부려먹던 노예가 죽으면 마치 물건 버리듯 도시 외곽에 갖다 버렸다. 길거리에서 죽으면 죽은 그 자리에 방치해놓은 채 가버렸다. 마침내 1515년에 국왕은 도시의 위생을 고려해 노예 시신을 산타 카타리나Santa Catarina

문밖 지정된 웅덩이에만 묻도록 지시했다. 노예들이 죽기 전에 이들의 영혼을 구원할 노력을 하거나 죽은 후 이들의 넋을 위로할 생각을 하는 이들은 별로 없었다.

포르투갈 왕국은 1530년대부터 아메리카 대륙에서 브라질이라는 거대한 땅을 지배하기 시작한다. 새로운 영토에서 노예 수요가 폭증하자 본국으로 수입되는 노예는 더 줄어들었다. 그럼에도 리스본의 노예 시장은 오랜 세월 이어졌다.

1755년 11월 1일, 리스본은 지진과 해일, 화재로 완전히 파괴된다. 사망자는 3만 명에서 5만 명. 이 재난을 보고 기독교를 비롯한 온갖 미신을 타파하자는 프랑스 계몽주의자 볼테르Voltaire(1694~1778)는 물었다.

"신이 존재하는가? 신이 있다고 해도 과연 선한 신인가? 무고한 사람들을 그렇게 많이 죽이다니?"

포르투갈에서 기독교 '미신'을 떨쳐버리지 못한 많은 이들의 생각은 달랐다. '우리의 죄를 하느님이 심판하신 것이오. 하느님은 오히려 몇 백 년을 기다려주셨건만, 우리는 회개하지 않았소.'

지진으로 무너진 도시를 어느 정도 재건해놓은 포르투갈 왕국은 1761년, 아프리카 노예장사를 전면 금지했다.

장인의 손길,
악기의 영혼

스트라디바라우스 등이 진열되어 있는 크레모나 시청사

 바이올린 세계에서 크레모나는 그 어떤 도시보다 유명하다.
명기 과르네리와 스트라디바리우스가 이곳에서 탄생했고
도시 곳곳에서는 언제든 바이올린 선율이 울려 퍼진다.

크레모나Cremona는 이탈리아 롬바르디아Lombardia주의 도시 중에서도 결코 큰 편은 아니지만 바이올린의 세계에서만은 홀로 우뚝 솟아있는 거봉이다. 크레모나가 바이올린의 성지가 된 것은 과르네리Guareri와 스트라디바리Stradivari(라틴어로 스트라디바리우스Stradivarius)라는 두 현악기 명장의 가문이 크레모나 출신으로 이곳에서 활동했기 때문이다.

오늘날 최고가의 바이올린은 모두 과르네리 아니면 스트라디바리가 18세기 초에 만든 명품이다. 세계에서 가장 비싼 바이올린 스트라디바리의 '메시아Messiah'(1716년)의 감정가는 미화 2천만 달러, 한화로 225억 원 이상이다. 그다음으로 비싼 악기는 '비외탕Vieux-temps 과르네리'(1741년)로, 1천6백만 달러다. 1721년에 완성한 스트라디바리의 '레이디 블런트Lady Blunt'도 낙찰가가 이와 비슷하다. 그다음 수준인 1천만 달러로 평가되는 악기로는 '카로두스Carrodus 과르네리'(1743년), '코찬스키Kochanski 과르네리'(1740년대 초반), '메리 포트먼Mary Portman 과르네리'(1735년)가 있다.

크레모나 명품 현악기 제작의 원조는 아마티Amati 가문이다. 1540년대부터 시작된 이 가문의 현악기 생산은 4대에 걸쳐 이어졌다. 아마티 작업실에서는 직계 가족이나 친척이 아닌 청년들도 훈련시켰다. 크레모나에서 태어난 안드레아 과르네리Andrea Guarneri(1626?~1698)는 17세기 초에 아마티 가문의 도제로 들어가 악기 제작법을 익힌 후, 스스로 새로운 현악기 명가 전통을 구축했다. 과르네리 가문에서 가장 뛰어난 명장은 과르네리 3세대인 바르톨로메오 주세페 과르네리Bartolomeo Giuseppe Guarneri(1698~1744). 세계 최고 명품 바이올린 이름에 붙어 있는 '과르네리'는 그를 지칭한다.

바르톨로메오 주세페의 가장 막강한 경쟁자는 또 다른 크레모나의 명장 안토니오 스트라디바리Antonio Stradivari(1644?~1737)였다. 누구의 악기가 더 명품인지는 쉽게 판별할 수 없을 정도로 둘은 놀라운 악기들을 만들어냈다. 노동 생산성에 있어서는 스트라디바리가 한발 더 앞섰다. 그는 평생 1천 개 이상의 바이올린을 제작했다. 이중 반 정도는 현재까지 전해진다. 이렇듯 놀라운 능력의 소유자인 스트라디바리와의 경쟁은 쉽지 않았다. 과르네리 집안의 장인 중에서는 스트라디바리를 피해 크레모나를 떠난 후 다른 도시에 작업실을 차린 사람도 있었다.

바르톨로메오 주세페는 만들어내는 악기의 양에서는 안토니오 스트라디바리와 맞설 수 없었다. 그러나 그의 악기 중 하나가 한 전설적인 연주자를 만나는 행운을 누렸다. 이 현악기의 별명은 '일 카노네Il Canone'(대포). 감정가가 4백만 달러이니 세계에서 가장 비싼 바이올린은 아니지만 가장 뛰어난 연주인인 니콜로 파가니니Niccolò Paganini(1782~1840)와 동행한 명품이다. 이 악기의 이름은 우렁찬 음량에 감탄한 파가니니가 지어주었다. '일 카노네'는 1743년 작품이고 파가니니는 19세기 초에 활동했다. 악기가 임자를 만나기까지는 오랜 기다림의 시간을 보내야 했다.

파가니니가 원래 쓰던 악기는 크레모나의 원조 현악기 명가 아마티 제품이었다. 천재 음악가는 이 귀한 악기를 그만 놀음판에 판돈으로 걸었다 잃고 말았다. 파가니니는 자신의 뛰어난 연주 실력이 놀음판에서도 먹히기를 기대했는지 모르나, 놀음의 귀신이 음악의 귀재를 환대하지는 않았다.

한순간의 객기로 자신의 소중한 악기와 결별한 무모한 천재 파가니니. 그의 절박한 처지를 안타깝게 여긴 사업가이자 아마추어 바이올린 연주자였

파가니니의 명기 '일 카노네'

던 한 사람이 1802년, 그를 자신의 집으로 불렀다. 그리고 집구석에 방치해놓았던 과르네리 바이올린 하나를 선물한다. 파가니니는 즉시 악기를 어깨에 얹고 연주하기 시작한다. 악기는 아름답고 낭랑한 목소리로 화답한다.

파가니니는 이후로 이 악기를 들고 온 유럽으로 연주 여행을 다녔다. 일 카노네를 연주하기 위해 많은 명곡도 작곡했다. 일 카노네는 파가니니의 오른손에 잡힌 신들린 활과 눈부신 왼손 운지에 맞춰 찬

주세페 과르네리가 악기에 새긴 서명

란한 음의 향연을 연출했다. 파가니니의 대표작인 독주 바이올린을 위한 〈24개의 카프리치오24 Capricci〉는 일 카노네와 파가니니의 짜릿한 사귐의 산물이다.

파가니니는 이후로도 놀음을 여전히 좋아했으나, 일 카노네만은 무사히 지켜냈다. 그는 죽은 후 자신의 고향인 제노바에 이 악기를 기증했다. 현재 일 카노네는 제노바 시청에 전시되어 있다. 전시만 해놓은 것이 아니라, 가끔 악기를 꺼내어 연주하기도 한다. 일 카노네는 외국 공연장으로 출장도 간다. 그럴 때마다 일 카노네는 무장 경찰의 호위를 받으며 행차한다.

일 카노네를 만든 바르톨로메오 주세페 과르네리는 이 악기 외에도 모든 악기 하나하나를 온 정성을 다해 제작했다. 수십 개의 목재들을 보듬고 다듬어 만든 악기는 자기 자식이나 다름없다. 장인은 악기들이 자신의 손길을 떠나기 전, 라틴어로 '주세페 과르네리가 제작했음'이라는 문구와 제작 연도를 새겨 놓는다. '자식'들의 출생 신고서를 붙여준 셈이다. 그러나 그것이 전부가 아니다. 그 옆에 글자 세 개를 더 새긴다. 'I-H-S', '예수'를 뜻하는 그리스 문자(IHΣOYΣ) 약어다. 이 세 개의 문자 위쪽은 예쁜 꽃모양 십자가로 장식한다. 바르톨로메오 주세페의 이 독특한 라벨을 존중해서, 후대 사람들은 그의 이름 뒤에 '델 제수del Gesù'(예수의 사람)이라는 별명을 붙여주었다. 그가 만든 악기들에도 '델 제수'라는 명칭을 덧붙여 부르기도 한다.

바르톨로메오 주세페 과르네리 '델 제수'는 자신의 기술과 노고의 결실인 악기들을 돈을 지불하는 고객에게 넘겨줬다. 그러나 자기가 낳은 악기에 서려 있는 자신의 혼은 예수 그리스도에게 바쳤다.

도박 위에 굳게 선
도시 국가

모나코 항구의 전경

◇ 모나코는 세계에서 두 번째로 작은 국가지만,
이 나라의 이름을 모르는 사람은 거의 없다.
국가 재정의 비밀인 몬테카를로 카지노 덕분이다.

지중해 푸른 바다를 바라보는 모나코Monaco는 세계에서 두 번째로 작은 국가다. 면적이 2.1제곱킬로미터에 불과하다. 서울 여의도의 면적도 채 안 되는 크기인 데다 여의도처럼 고른 평지도 아니다. 이 좁은 나라는 모든 이에게 활짝 문이 열려 있다. 돈만 있으면 얼마든지 부동산을 취득할 수 있다. 집값이 좀 비싸긴 하다. 평균 1제곱킬로미터당 10만 유로로, 한국 돈으로는 1억 3~4천만 원이다. 그러나 부자들에게는 이보다 더 좋은 나라가 없다. 소득세는 한 푼도 내지 않는다.

그러면 국가를 어떻게 운영할까? 이 나라 재정의 비밀은 이름 하나에 담겨 있다. 몬테카를로 카지노Casino de Monte Carlo.

몬테카를로 카지노에는 공식적으로 놀음판 외에도 오페라 극장과 발레단까지 포함된다. 예술적 품격도 갖추고 있고, 건물도 파리 오페라 극장을 설계한 샤를 가르니에Jean Louis Charles Garnier(1825~1898)의 손길이 닿아있기에 멋지고 우아하다. 이 카지노는 '모나코 해수욕회사Société des bains de mer de Monaco' 소유로, 이 회사는 카지노 외에도 도시의 주요 호텔 등 관광 시설들을 운영한다. 회사의 대주주는 모나코 왕실 및 정부다. 카지노 및 호텔 사업은 왕실 및 국가 살림의 재원이다.

몬테카를로 카지노

모나코는 프랑스어가 공식 언어지만 이 도시 국가를 다스리는 그리말디Grimaldi 가문은 이름이 말해주듯 원래 이탈리아 출신이다. 이탈리아 반도 서쪽 도시 국가 제노바의 명문 그리말디는 경쟁 가문과의 힘겨루기 와중에 모나코를 자신들의 거점으로 삼았다. 그렇게 14세기에 시작된 그리말디 가문의 모나코 지배는 오늘날까지 이어지고 있다.

그리말디 가문은 14세기에 모나코 외에도 인근 도시인 망통Menton과 로크브륀Roquebrune(현재 이름은 로크브륀카프마르탱Roque-brune-Cap-Martin)에 대한 소유권도 얻어냈다. 두 도시 모두 모나코보다 크고 인근 농지들도 함께 따라왔기에, 오랫동안 모나코의 그리말디 가문의 주된 수입원은 이 지역에서 걷는 세금이었다.

세기가 바뀌고 역사가 요동치는 와중에도 그리말디 가문은 편안히 작은 영토를 지배하며 즐겼으나, 1848년에 이르러 엄청난 위기에 봉착한다. 온 유럽이 혁명의 몸살을 앓던 와중에 모나코 왕실의 뒤를 봐주던 프랑스도 극심한 혼란기에 빠진다. 이때를 틈타 망통과 로크브륀은 그리말디 가문으로부터의 독립을 선언한다. 이후로 계속 말을 듣지 않던 이 두 도시들을 모나코 왕실은 마침내 1861년에 협정을 맺어 프랑스에 반환한다. 모나코의 주권을 보장하는 조약이었다.

프랑스와의 협정 때 두 도시를 돌려주는 대가로 배상금을 두둑이 챙기기는 했으나 나라 살림은 심각한 타격을 입었다. 그리말디 가문은 살길을 모색해야 했다.

1854년 모나코의 젊은 왕자 샤를Charles은 2년 후에 샤를 3세 Charles III가 되기 전에 이미 프랑스 전문가들을 초빙해 모나코를 프랑스 남부 지중해 연안 최고의 관광지로 만드는 프로젝트에 착수한다. 첫째, 해수욕과 온천 시설을 중심으로 '웰빙' 관광지를 만들어 유럽의 부자들을 유인한다. 둘째, 카지노를 운영해 이들이 돈을 날리고 가도록 한다. 계획은 근사했으나 기반 시설은 절대 부족했다. 모나코까지 들어오는 기차 노선도 아직 없었다.

그래도 돈이 급하니 부랴부랴 1856년에 카지노부터 개장했다. 이후의 카지노와는 비교할 수 없는 초라한 규모였다. 자금 흐름이 다소 좋아지자 1860년대에는 좀 더 큰 카지노를 새로 짓고 곁에 호텔

몬테카를로의 거리

도 세웠다. 그러나 여전히 기대했던 수익이 나오지 않았다. 이때 그리말디 가문의 총기 있는 프랑스인 며느리 카롤린Caroline 공주(샤를 3세의 모친)가 획기적인 방안을 제시한다. "프랑스인 사업가 프랑수아 블랑François Blanc에게 카지노 경영권을 넘깁시다!"

이렇게 만들어진 모나코 해수욕회사는 전문 경영인 블랑 덕에 안정적인 성장 사이클로 진입했다. 블랑은 수익금으로 시설을 업그레이드했다. 화려하고 멋진 몬테카를로 카지노 및 호텔의 외관은 전적으로 블랑의 안목과 전략 덕분에 만들어진 것이다.

블랑의 몬테카를로 경영이 성공할 수 있었던 비밀 병기는 룰렛이었다. 숫자가 적힌 판에 돈을 건 후 공을 원형 도구로 돌리다 숫자가 맞으면 판돈을 따는 이 놀이에서 거액을 따는 경우도 간혹 있지만, 날리는 일이 훨씬 많다. 돈을 따고 날리는 것은 순식간에 벌어진다. 돈을 땄다고 감격해서 함성을 지르거나 돈을 잃었다고 울부짖으면 조롱감이 된다. 룰렛은 돈 걱정 없는 거부들만이 하는 놀이다. 진정한 부자라면 거액을 한순간 날리고도 태연할 수 있어야 한다.

룰렛의 원조는 베네치아의 '비리비biribi'다. 베네치아 공화국은 1638년에 유럽 최초의 공식 카지노인 '리도토Ridotto'를 개장했다. 놀음을 즐기는 귀족과 부유한 상인들이 날리는 돈을 국가가 회수하려는 의도였다. 리도토에서는 모두 가면을 써야 했다. 가면 덕에 큰돈을 잃는 상류층 노름꾼들의 표정 관리는 그다지 어렵지 않았다.

베네치아의 리도토는 1774년에 폐장했다. 놀음으로 패가망신하는 베네치아 시민들이 너무 많았던 까닭이다. 모나코의 카지노는 베네치아의 선례를 잊지 않았다. 모나코 왕실은 자기가 직접 다스리는 백성들은 몬테카를로에 입장할 수 없도록 법을 제정했다. 카지노에서 일하는 직원들만이 유일한 예외다.

몬테카를로 카지노. 세계 어디에서 어떻게 벌었는지 알 수 없는 거액을 물 쓰듯 하는 외국 손님들만을 위한 이 도박의 성전은 다른 이들에게는 몰라도 그리말디 가문에게는 무한한 축복이다. 카지노 덕에 소득세를 안 내는 모나코 시민들에게도 복덩어리임은 분명하다.

물려받은 가업의
신성함

한자 동맹의 도시 뤼베크 전경

 14세기 발트해 연안의 상인들이 맺은 한자 동맹 도시들은
적대적으로 경쟁하는 대신 서로를 존중하며 협력했다.
거래의 핵심은 계약서나 장부가 아닌 인간관계와 신용이었다.

토마스 만Thomas Mann(1875~1955)의 1901년 작품 『부덴브로크가의 사람들Buddenbrooks』3부 13장의 한 대목이다.

마차는 성문을 통과했다. 토니의 눈에 회색 박공 건물들이 보였다. 하일리거 가이스트 병원 앞뜰 보리수나무들의 잎사귀는 벌써 거의 다 떨어져 있었다. 세상에, 모든 게 그대로야, 원래 있던 그대로! 변할 수 없는, 존경스러운 모습으로 이곳을 지키고 있었는데, 그걸 쉽게 잊어버릴 수 있는 꿈이라고 생각했다니.

이 소설의 주요 인물인 토니Tonie는 부친 요한Johann이 보낸 마차를 타고 바닷가 휴양지 트라베뮌데Travemünde에서 여름을 보내다 뤼베크Lübeck로 돌아오는 길이다. 그해 여름은 그녀에게 매우 힘든 시간이었다. 아버지는 딸이 함부르크Hamburg에서 온 젊은 사업가와 결혼하기를 원한다. 본인은 아직 결혼 자체가 내키지 않는 데다, 상대방에 대해서도 확신이 서지 않는다. 휴양지에서 머물던 집에는 대학생 아들이 방학을 맞아 돌아와 있었다. 수줍으면서도 지적인 이 청년과 함께 시간을 보낼수록 그녀는 부친을 거역하고 싶어진다. 그러나 결국 토니는 뤼베크로 돌아온다. 그리고 부친이 원하는 남자와 결혼한다.

이 소설의 부제는 '한 가문의 쇠락Verfall einer Familie'이다. 뤼베크의 오래된 상인 집안 출신인 토마스 만은 이름만 바꿨지 사실상 자기 집안 이야기를 소설의 소재로 삼았다. 만이나 부덴브로크 같은 뤼베크 상인 가문의 '쇠락'은 도시의 '쇠락'이기도 했다.

뤼베크는 중세와 근세 초기까지는 발트해에서 가장 번성한 항구 도시였다. 앞에서 묘사한 장면의 시대 배경인 19세기 전반부까지만 해도 뤼베크는 온갖 변화와 도전에 맞서 전통과 자존심을 꿋꿋이 지켜내고 있었다.

토마스 만 소설의 앞부분에서도 토니의 부친은 성공적인 사업가로서 부러울 게 없다. 그는 조부 때부터 내려온 가업인 곡물 회사의 경영자. 그러나 소설이 진행되며 일이 하나둘씩 꼬이기 시작한다. 사랑하는 딸의 결혼도 실수였다. 그가 기대했던 함부르크 사업가 사위는 사기꾼이나 다름없었다. 거액의 빚을 숨긴 채 딸에게 접근했던 것이다. 남편의 실상을 알게 된 딸은 그와 이혼한다.

부덴브로크 가문이 뤼베크에 정착한 것은 18세기. 이 도시의 사업가 가문 중에서는 역사가 짧은 편이나, 이들이 관여하는 곡물 무역은 중세 때부터 뤼베크의 중요 사업 중 하나였다. 뤼베크 상인들은 프로이센에서 곡물을, 스웨덴에서는 버터와 철을, 러시아에서 모피를 수입했다. 뤼베크에 모이는 이와 같은 원재료들은 독일, 플란데런(플랑드르), 네덜란드 도시들로 전달됐다. 그리고 플란데런에서 제조한 옷감이나 라인강 지역 포도주가 다시 뤼베크로 모였다가 프로이센, 러시아, 스웨덴으로 배분되었다. 1368년 기준, 뤼베크에서 이렇게 거래된 무역의 규모는 총 545,800마르크, 오고간 배는 800척에 육박했다.

뤼베크의 공식 명칭에는 '한제슈타트Hansestadt'(한자 동맹 도시)라는 말이 앞에 붙는다. 14세기에도 그러했고 지금도 마찬가지다. 발트해 무역망을 구성하던 도시들이 '한자 동맹'을 맺었던 시대에 뤼베크가 사실상 한자 동맹의 중심이었던 역사가 이 이름에 담겨있다.

신성 로마 제국 황제 카를 4세Karl IV는 뤼베크가 번창하던 14세기에 이 도시를 자신의 제국, 즉 서유럽 대륙 전체의 다섯 자랑거리 중

뤼베크의 상징 홀스타인 문

하나에 든다고 칭찬했다. 뤼베크 외에 나머지 넷은 피렌체, 베네치아, 로마, 피사로, 모두 이탈리아 도시들이었다. 이탈리아 밖에서, 그것도 추운 북부 독일 해안에서 이 명단에 낄 정도로 뤼베크의 위상은 대단했다.

그러나 뤼베크를 비롯한 한자 동맹 도시 상인들의 경영이나 사업 방식은 이탈리아 도시의 경우들과는 매우 달랐다. 다른 도시 상인들과 치열하고 적대적으로 경쟁하던 이탈리아 상인들과는 달리 뤼베크를 비롯한 한자 동맹 도시들에서는 상인들이 서로 사업 영역을 존중하며 지나친 경쟁을 피했다. 또한 분명한 계약서를 작성해 놓고 정확히 장부를 기록하며 거래하던 이탈리아인들과는 달리, 이들 북부 유럽 상인들은 상호 신뢰에 뿌리를 둔 관행적인 거래를 선호했다. 인간관계와 신용이 중요했기에 서로 다른 도시 상인끼리 결혼을 통해 사돈을 맺는 경우도 많았다. 토마스 만의 소설에서 뤼베크의 곡물상이 자기 딸과 함부르크에서 온 사업가의 결혼을 추진하는 것은 전혀 놀랄 일이다. 그는 한자 동맹 도시들의 오래된 전통을 따랐을 뿐이다.

토니의 부친 요한은 뤼베크 상인들의 또 다른 중요한 전통인 신용에도 충실했다. 신용과 신뢰를 철저히 지키려면 남들의 눈치 그 이상의 제약이 있어야 했다. 혼자만의 시간과 공간에서도 자신을 지켜보고 있는 존재, 절대자에 대한 믿음은 인간에 대한 신용을 지키는 데 큰 힘이 됐다.

부덴브로크 가문의 사업을 물려받는 아들들은 집안 대소사와 경영하는 사업의 정황을 정확하게 기록하는 일기장도 함께 물려받는다. 요한은 자신이 책임진 가정과 사업 관련 모든 일을 이 일기장에 꼼꼼히 기록한다. 프랑스 계몽주의에 심취해 있는 부친과는 달리 신앙심이 깊은 요한의 일기에는 하느님께 감사하고 간구하는 기도문도 자주 등장한다.

토마스 만이 살았던 부덴브로크 하우스

뤼베크의 고색창연한 저택들은 잠시 반역을 꿈꿨던 토니를 품어 안는다. 결국 토니의 가문은 몰락하고 말지만, 토니를 지어낸 작가 토마스 만이 성장했던 집은 '부덴브로크 하우스'라는 이름으로 보전되어 있다.

뤼베크에 남아 있는 것은 한 위대한 작가의 자취만은 아니다. 돈을 벌되 돈의 노예가 되지 않고, 인간에 대한 신용과 하느님에 대한 신앙이 상업을 지탱했던 자랑스러운 전통이 그 도시에 서려 있다.

CODE 5

발

순례자들의
지친 발이 쉬는 그곳

가장 오래된 순례길인 카미노 프란세스

중세에 산티아고를 향하는 순례자의 모습은 오늘날과 달랐다.
얇은 가죽신의 밑창이 닳으면 구멍 난 그대로 걷다가
순례길 곳곳의 수도원에 신세를 지며 발걸음을 재촉했다.

짧게는 일주일에서 길게는 한 달 넘게 스페인 북쪽 도시 산티아고Santiago까지 매일 걷고 또 걷는 오늘날의 '순례자' 대부분은 일반 관광객이다. '카미노 데 산티아고Camino de Santiago', 산티아고로 가는 길이 관광 상품이 된 것은 비교적 최근이다. 1985년만 해도 불과 690명만이 그 길을 완주했으나 2017년부터는 그 수가 30만 명을 넘었다. 천 년 넘는 세월 동안, '카미노 데 산티아고'는 관광객이 아니라 '순례자'의 발길을 안내했다.

'산티아고'는 도시이자 한 사람의 이름이다. 인종은 유태인, 원래 이름은 '야고보Jakobus'. 2천 년 전에 팔레스타인 지방에서 활약한 예수의 제자로, 예수의 복음을 전하다 죽임을 당했다. 최초의 순교자 중 한 명인 그는 일찍이 성인으로 추앙되었다. 라틴어 '성 야고보'(스페인어로는 Sant Iago)가 스페인 토착어로 변하며 '산티아고'가 됐다.

그는 44년에 예루살렘에서 참수형을 당했다. 이것은 『신약성서』에 기록되어 있다. 그 나머지는 전해지는 이야기다. 야고보는 그 전에 6년간 스페인에 와서 선교 활동을 하다 예루살렘으로 돌아갔다. 야고보의 제자들은 목 잘린 그의 시신을 배에 태우고 떠나 스페인 갈리시아Galicia 지방의 로마 항구 이리아 플라비아Iria Flavia(현 파드론Padrón)로 왔다. 이들은 순교자의 시신을 오늘날 산티아고 대성당

Catedral de Santiago 자리에 안장했다.

갈리시아 어딘가에 스페인 선교에 헌신했던 예수의 제자가 묻혀 있다는 소문은 이내 사방으로 퍼져나갔다. 그러나 로마 제국이 기독교도들을 무참히 박해하는 통에 이곳을 찾는 사람들의 발길은 점차 끊겼고 그 상태로 수백 년이 흘러갔다.

때는 9세기 초. 근처에 머물던 한 수도자가 이상한 광경을 목격한다. 어두운 밤이건만 언덕 위에 홀로 서 있는 거대한 떡갈나무가 훤히 보인다. 매우 밝은 별이 나무를 비추고 있다. 게다가 한 번도 들어보지 못한 천상의 화음도 들린다. 그다음 날, 또 다음 날, 며칠 동안 계속 밝은 별은 나무를 비췄고 신비한 음악도 이어졌다.

이 기적을 수도자는 주교에게 보고한다. 주교가 수행원을 대동하고 문제의 나무 주위를 살펴보니, 풀과 흙으로 덮인 3개의 무덤과 제단이 눈에 들어왔다. 관을 열자 시신 중 하나는 목이 잘려 있었다. 무덤에는 '이곳에 성 야고보가 안치되었다'는 문구가 새겨져 있었다.

주교가 왕에게 이 사실을 알리자 왕도 와서 직접 눈으로 확인했다. 그리고 즉각 거기에 교회를 지을 것을 명령했다. 교황도 이 소식을 듣고 지체 없이 기적임을 인정했다. 귀한 성인의 시신을 찾는 데 별빛이 결정적으로 기여했기에 산티아고의 지명에는 '별의 들판'이라는 뜻의 '데 콤포스텔라de Compostela'가 덧붙는다.

'산티아고 데 콤포스텔라'는 중세 유럽인 사이에서는 기독교 문명권의 3대 순례지 중 하나로 꼽혔다. 다른 두 성지는 예루살렘과 로마. 둘 다 유구한 역사를 자랑하는 대도시다. 반면에 산티아고는 오

산티아고 대성당이 보이는 산티아고 구시가 전경

로지 성 야고보의 시신 덕분에 생겨난 소도시로, 엄청난 영예가 아닐 수 없었다.

산티아고가 성지로 등극한 배경에는 스페인 기독교 왕들과 이베리아를 점령한 무슬림 무어인들 사이의 치열한 전쟁이 큰 몫을 했다(돌 2장 참조). 모든 전쟁은 알라의 뜻이라 믿고 용맹스럽게 적을 무찌르던 무슬림과 맞서려면 강력한 정신 무장이 필요했다. 생전에 스페인을 특별히 사랑했던 산티아고, 즉 성 야고보는 기독교 왕과 장군들의 꿈에 나타나 이들을 독려하고 승리를 약속했다. 산티아고를 믿고 전투에 임하는 기독교 군대는 무슬림을 격퇴했다. 무어인과 치열한 격투를 벌이던 11세기에 산티아고는 별명을 얻는다. '산티아고

마타모로스Matamoros'(무어인을 죽이는 성 야고보). 산티아고는 이 시대에 자연스럽게 스페인의 수호성인이 되었다.

스페인 땅에서 무슬림을 쫓아내고 유럽을 온전히 기독교 문명권으로 지켜내는 일은 스페인 사람들만의 염원이 아니었다. 프랑스 베네딕도회의 클뤼니 수도원Abbaye de Cluny은 산티아고 성지로의 순례를 적극 권장했다. 순례길에 수도원과 여관을 지어 순례자들을 안내하고 보호했다. 그때 개발된 길이 가장 오래된 순례 코스인 '카미노 프란세스Camino Francés'(프랑스 길)이다.

중세에 산티아고로 걸어가는 순례자들의 모습은 오늘날의 관광객들과 매우 달랐다. 이들은 봇짐을 메고 지팡이를 들고 얇은 가죽신을 신고 걸었다. 밑창이 닳으면 구멍 난 그대로 걸어갔다. 순례자들이 챙겨온 돈은 넉넉지 않았다. 이들은 순례길 곳곳에서 만나는 수도원들 신세를 지며 발걸음을 재촉했다.

순례자들이 마침내 산티아고에 도착하면 마땅히 쉴 데가 없어 길거리에서 노숙했다. 새우잠을 자고 다음 날, 성인의 유해를 품고 있는 산티아고 대성당으로 들어가 미사에 참가했다. 수십 일을 걸으며 제대로 몸을 씻었을 리 없는 사람들이 한꺼번에 성당에 모이면 몸에서 나오는 냄새가 엄청났다. 아무리 외모나 체취와 상관없이 모든 이웃을 섬기는 사제들이라 해도 냄새는 감당할 수 없는 수준이었다.

사제들의 대응은 창의적이었다. 미사를 시작할 때는 손에 향로를 들고 제단에 향을 뿌리도록 되어 있다. 산티아고 대성당의 특수한 상황을 감안한 사제들이 큼직한 향로를 만들어 천장에 걸어놓았다.

산티아고 대성당의 향로 미사

밑에서 줄을 잡아당겨 향로를 좌우로 흔들었다. 향이 퍼져나가면, 완벽하지는 않지만 그런대로 냄새를 잡을 수 있었다.

이 향로의 이름은 '보타푸메이로botafumeiro'. 현재의 향로는 19세기에 제작한 것이나 11세기부터 천정에 향로를 걸어놓고 사용했다. 순례자들의 몸 냄새는 오늘날 문제되지 않는다. 그러나 그때나 지금이나 산티아고 순례는 향로 미사로 마무리된다.

무너진 가슴,
무너진 다리

아비뇽 대성당과 교황들이 거주하던 팔레 데 파프

  프랑스 왕의 영토인 빌뇌브와 교황의 영토인 아비뇽을
연결하는 생베네제 다리의 주인은 과연 누구인가?
빠른 물살을 자랑하는 론강이 그 답을 대신 내놓았다.
17세기의 홍수로 무너질 때 아비뇽 쪽만 남겨둔 것이다.

이탈리아 르네상스 시대 최고의 서정시인 프란체스코 페트라르카Francesco Petrarca(1304~1374)는 자신의 가슴에 메울 수 없는 구멍을 내 놓은 '여인'을 처음 본 날을 이렇게 노래했다.

> 그날 나는 방심하다, 여인이여,
> 그대의 아름다운 두 눈에 붙잡혀
> 속박되고 말았습니다.
> ―『칸초니에레Canzoniere』 3번

페트라르카는 이 '여인'의 이름을 『칸초니에레』에서 수차례 언급했다. '라우라Laura'. '그날'이 언제인지도 적어놓은 문건이 있다. 1327년 4월 6일, 성 금요일. 하느님의 아들 예수 그리스도의 수난을 기억하는 엄숙한 날에 그의 마음은 곁길로 빠졌다.

그렇다면 '그날'에 이런 일이 벌어진 장소는? 프랑스 땅에 있는 아비뇽Avignon, 이 도시의 '생트 클레르Sainte Claire' 수녀원 교회다. 이때는 교황청이 아비뇽으로 이주해 있던 시대로, 유럽 각지에서 온 사람들이 이 도시에 머물거나 거주했다. 페트라르카의 집안도 교황을 따라 아비뇽에 와서 살고 있었다. 부친은 법률가라 아들도 교회법

안드레아 델 카스티뇨, 〈프란체스코 페트라르카〉, 1450년경

전문가로 키우고 싶었다. 그러나 아들은 법보다는 문학에 뜻을 두었다.

아비뇽은 프랑스 안에 있는 교황의 영토였다. 프랑스 혁명 세력이 이 도시를 빼앗기 전까지 아비뇽의 독립은 침해받지 않았다. 그렇긴 해도 프랑스 안에 있었기에 프랑스인의 도시였고, 페트라르카 같은 이탈리아인은 이방인일 수밖에 없었다. 페트라르카의 마음을 빼앗은 아름다운 눈의 소유자도 본명은 이탈리아어 식으로 부른 '라우라'가 아니라 '로라 드 노브Laura de Noves'였다. 그녀는 프랑스 귀족 가문 출신 유부녀, 애초에 이룰 수 없는 사랑이었다. 정말 사랑하기는 한 건가? 이런 의문을 제기하는 이들도 많다. 시인이 시를 쓰기 위해 자신의 가슴앓이를 과장했을 수도 있다.

페트라르카는 친구에게 속마음을 털어놓은 편지에서 라우라가 살던 아비뇽을 심한 말로 비난했다.

"이곳은 론Rhône 강가의 바빌론이야. 론은 꼭 지옥의 강 같아. 도시에는 예수의 이름을 팔아 사람들의 재물을 가로채는 자들이 살고 있어."

　그러나 페트라르카가 말한 것처럼 아비뇽이 그렇게 타락한 곳은 아니었다. 교황청도 로마에 있을 때보다 딱히 더 부패했다고 할 수 없었다. 오히려 조직이나 행정은 로마 교황청 시대보다도 효율적으로 개선되었다. 아비뇽 교황들은 도시 관리에도 신경을 썼다. 교황을 만나러 오는 외국 손님 행렬이 끊이지 않았고, 교회력에 따른 축일 행사가 일 년 내내 이어졌기에 도로를 잘 포장해놓는 게 중요했다. 젊은 시절 페트라르카가 걸어 다녔던 아비뇽 길거리는 다른 중세 유럽 도시들에 비해 깨끗한 편이었다. 교황이 사는 도시 아비뇽 곳곳에는 수도원과 교회들이 있었다. 페트라르카가 아름다운 라우라의 눈을 처음 봤던 생트 클레르 교회도 교황청이 후원해서 새로 재건축한 건물이었다.

　다만 아비뇽 교황청의 행정가들이 페트라르카의 험담 중 한 가지에는 수긍했을 법하다. 론강이 지옥 같은 모습은 아니었을지라도, 이 도시의 가장 큰 골칫거리이기는 했다. 아비뇽에서 교황들이 거주하던 거대한 궁 '팔레 데 파프Palais des Papes'(교황청) 다음으로 유명한 명소는 아비뇽 다리, 정식 이름은 '생베네제 다리Pont Saint Bénézet'다. 이 다리는 중간쯤 걸어가다 보면 끊겨서 더 이상 갈 수가 없다. 이 돌다리는 12세기에 지었으나 이후 여러 차례 망가졌다. 알프스산맥에서 흘러오는 론강의 물살이 워낙 세서 홍수가 나면 견디질 못했다. 17세기에 심하게 무너진 후의 모습이 현재까지 유지되고 있다.

　이 다리가 론강을 온전히 가로질렀던 시절에도 다리는 분란의 원

생베네제 다리와 팔레 데 파프

흉이었다. 강 저편의 빌뇌브Villeneuve는 프랑스 왕의 영토, 강 이편의 아비뇽은 교황의 땅. 그렇다면 이 다리는 누구 것인가? 프랑스 왕은 생니콜라 예배당chapelle Saint-Nicholas까지만 교황의 다리라고 주장했다. 달리 말하면, 총 24개 아치로 이루어진 다리에서 아비뇽 쪽 아치 세 개까지만 아비뇽 몫으로 인정하겠다는 것이었다. 이 주장은 아비뇽으로서는 받아들일 수 없었다.

아비뇽이 프랑스 왕의 다리 소유권에 도전하는 방식은 기독교 교회 수장이 다스리는 도시로서는 다소 으스스했다. 아비뇽 당국은 사형수를 이 다리 위로 행진시킨 후 프랑스 왕 쪽 다리라고 주장하는 데까지 끌고 가서 교수대를 세워놓고 사형을 집행했다. 어떤 때는 한꺼번에 수십 명을 다리 그쪽에 데리고 가서 처형하기도 했다. 죄수를 그냥 다리 끝까지 끌고 가서 다리 밑으로 사납게 흐르는 론강에 밀어 던지고 다시 아비뇽 쪽으로 돌아올 때도 있었다.

아비뇽 사람들의 생베네제 다리에 대한 사랑은 깊고도 열렬했다. 교황이 프랑스 왕에게 다리의 대부분을 내주고 싶었더라도 시민들 눈치 때문에 쉽지 않았다. 아비뇽의 서민들은 유언장에다가 자기 재산의 일부를 생베네제 다리 보수에 써달라는 뜻을 밝히곤 했다. 금액으로 치면 얼마 안 되는 돈이지만 마음만은 갸륵했다. 모두들 이 다리를 자기 자식처럼 아꼈다.

아비뇽의 생베네제 다리는 이름부터 남다르다. 이 지역에는 베네제라는 이름의 양치기 목동이 있었다. 어느 날 하느님의 천사가 이 목동에게 험한 론강을 건널 다리를 지으라는 계시를 주었다. 곧바로 다리 공사에 들어간 목동, 거대한 바위를 홀로 들어 올리는 기적까지 보인다. 이런 베네제의 열정에 감화받은 부자들이 돈을 내자, 베네제의 다리 건설은 본격적으로 시작되었다. 쉽지 않은 다리 공사는 그 후에도 몇 번의 기적 덕분에 무사히 마무리되었다. 베네제의 공덕 및 그의 다리 공사 관련 기적이 근거가 되어 그는 죽은 후 성자로 추앙되고 이름 앞에 '생' 자가 붙었다.

다리를 지은 성자의 이름을 딴 생베네제는 홍수에 무너질 때도 양치기 출신 성자의 헌신을 잊지 않았다. 프랑스 왕 영토 쪽에 연결되었던 아치들은 모두 사라졌으나, 교황의 도시 아비뇽 쪽 다리는 남아 지금까지 전해진다.

걷기 좋은 집,
걷기 위한 집

바실리카 팔라디나가 보이는 비첸차 전경

비첸차와는 떼려야 뗄 수 없는 건축가 안드레아 팔라디오,
그는 건물을 설계할 때 언제나 '동선'을 생각했다.
그에게 집은 쉬는 곳일 뿐 아니라 걷고 산책하는 공간이었다.

'비첸차Vicenza'라는 도시의 이름은 한 인물의 이름, 안드레아 팔라디오Andrea Palladio(1508~1580)와 떼어놓을 수 없다. 그가 남긴 건물들은 이 도시가 자랑하는 문화 자산이다.

비첸차 시내와 외곽에 흩어져 있는 23개의 팔라디오 건축물을 감상하려면 장시간의 산책을 각오해야 한다. 눈이 즐거우려면 발의 협조가 필수적이다. 건물과 건물 사이를 이동할 때뿐만 아니라 건물에 도착해서도 마찬가지다.

팔라디오는 '동선'을 염두에 두고 건물을 설계한 선구자이다. 그는 집이란 가만히 앉아 있거나 누워서 자는 곳만이 아니라, 안에서도 산책할 수 있는 공간이어야 한다고 믿었다. 그가 설계한 건물들의 전면은 수직 벽에 문만 뚫려 있는 법이 없다. 천정을 받치고 나란히 선 높은 기둥들이 만들어내는 '로지아loggia'는 출입구까지 걸어 들어오는 발길을 안내한다.

팔라디오 건축물의 로지아는 건물로 곧장 들어오기를 권장하지 않는다. 기둥과 안쪽 벽 사이에는 한가히 거닐 수 있을 만큼 넉넉한 공간이 있다. 로지아는 밖에서 봐도 아름답지만 안에서 봐야 진면목을 볼 수 있다. 가로로 나란히 늘어선 기둥들을 나란히 바라볼 때 기둥의 크기가 점차 작게 보이는 생생한 원근법은 오직 3차원 건축 미

로지아로 둘러싸인 바실리카 팔라디나

학으로만 연출할 수 있다.

건물의 위층도 떠도는 발길을 위해 열려 있다. 아래층과 같은 모양으로 서 있는 기둥들은 위층의 외벽을 뒤로 밀어놓는다. 그 널찍한 공간으로 건물 내부에서 걸어 나와 배회하고 위아래 좌우로 시선을 던질 수 있다.

공공건물 중에서는 비첸차 시청으로 사용되었던 '바실리카 팔라디나Basilica Palladina'가 팔라디오의 건축 기법을 잘 보여주는 대표작이다. 팔라디오는 남들이 지어놓은 이 건물 외부를 아름다운 위아래 2층 로지아로 포장했다. 사저 중에서는 팔라초 키에리카티Palazzo Chiericati를 대표로 꼽을 수 있다. 다만 이 건물은 건축가의 이상을 완벽히 구현하지는 못했다. 건축주 측이 위층 평수를 늘려달라고 요구한 탓에 위층의 기둥 행렬 가운데 부분이 끊겨 있다.

팔라디오는 비첸차의 오랜 라이벌 도시 파도바Padova에서 태어났지만, 고향을 버리고 비첸차에서 살았다. 그의 본명은 '안드레아 디 피에트로 델라 곤돌라Andrea di Pietro della Gondola'. 파도바에서 델라 곤돌라는 다른 이가 설계해놓은 모습대로 돌을 깎는 석공이었다. 델라 곤돌라는 비첸차로 이주한 후 고대 로마의 부활을 꿈꾸는 인문주의자들의 후원을 받으며, 또한 로마에도 몇 차례 다녀오며, 르네상스 건축가로 변신했다. 그는 성도 촌티 나는 '델라 곤돌라'를 버리고 후견인 중 한 사람이 지어준 그리스풍의 '팔라디오'(지혜로운 자)로 바꿨다.

팔라디오의 명성은 뛰어난 건축물뿐 아니라 1570년에 그가 쓴 『건축 4서Il quattro libri dell'architettura』와 함께 확고히 굳어졌다. 16세기에 출간되어 이후 여러 언어로 번역된 팔라디오의 저서를 토대로 지어진 건물들은 유럽은 물론 신대륙 미국에서도 수없이 등장했다. 팔라디오는 이 저서에서 로지아의 용도를 설명하며 '한가하게 거닐기'를 첫 번째로 꼽았다. 걷기 좋은 로지아는 건물의 일부일 수밖에 없지만, 비첸차에는 순전히 걷기 위한 용도로 지은 건물이 남아 있다.

비첸차 시내를 굽어보는 언덕 위에는 산타 마리아 디 몬테베리코 성당Santuario Santa Maria di Monte Berico이 서있다. 이 건물의 역사는 조금 특별하다.

비첸차가 전염병에게 점령당한 1426년 3월 7일, 이 언덕에서 밭을 일구던 한 아낙에게 성모 마리아가 나타나 말했다.

"이곳에 교회를 지으면 내가 이 도시에서 전염병을 없애주겠네."

아낙은 언덕에서 내려가 이 메시지를 사람들에게 전했으나, 아무도 그녀의 말을 귀담아 듣지 않았다. 2년 넘게 계속 전염병에 시달리던 1428년 8월 1일. 성모님은 같은 장소에서 같은 여인에게 나타나 같은 말을 했다. 비첸차 사람들은 이번에는 아낙의 말을 믿고 즉시 교회 건축에 착수했다. 불과 석 달 만에 건물이 올라가자, 전염병은 즉시 이 도시에서 사라졌다. 감격한 시민들은 성당을 마무리할 때 제단 곁에 자애한 표정의 성모상을 세워놓았다.

이렇듯 비첸차와 각별한 인연이 있는 이 성당의 성모상 앞에서 기도하려는 순례자들의 발길은 그때부터 계속 끊이지 않았다. 그런데 몬테베리코 언덕은 제법 고지대이기에 걸어 올라가려면 숨이 차다. 포장도로가 없던 시절이라 비가 와서 흙이 질어지면 걷기가 고달팠다.

1746년, 비첸차 시는 이 문제를 해결하기 위해 언덕 밑에서 교회까지 긴 회랑 건설에 착수했다. '포르티치 디 몬테 베리코Portici di Monte Berico'라 불리는 이 보행 전용 건물은 길이가 700미터, 붉은 기와지붕을 머리에 얹고 서 있는 150개의 아치들이 거대한 로지아를 이룬다. '포르티치'는 언덕의 경사를 따라 밑에서부터 위로 이어진다. 걸어 올라가다 고개를 돌려 밑을 내려다보면 조금씩 작게 보이며 끝없이 이어지는 아치 기둥의 풍경이 장관이다.

오직 걷는 발을 위해 만든 이 건물의 설계자는 프란체스코 무토니

포르티치 디 몬테베리코(몬테베리코 성당으로 올라가는 길)

Francesco Muttoni. 무토니도 팔리디오와 마찬가지로 비첸차에서 태어나지는 않았으나, 이곳에서 활약하다 죽었다. 그의 '포르티치 디 몬테베리코'가 걷기 좋은 건물을 설계했던 팔라디오에게서 아이디어를 얻었음을 짐작하기는 어렵지 않다.

손, 발,
아니면 둘 다

케임브리지의 랜드마크 킹스 칼리지 전경

공은 발로만 차야 한다는 축구의 규범은 누가 만들었을까?
놀랍게도 19세기 영국 케임브리지의 신사 대학생들이다.
이들은 학문이든 스포츠든, 한다면 제대로 하는 사람들이었다.

여럿이 모여 공 하나를 차는 놀이를 영국에서는 중세 시대부터 '축구football'라고 불렀다. 정확한 규칙은 알려진 바 없으나 이 '축구'는 일종의 민속놀이로, 마을과 마을이, 도시의 한 동네와 다른 동네 사람들이 집단으로 대결하는 경기였다. 공놀이는 쉽게 패싸움으로 변했다.

영국이나 기타 유럽에서 하던 민속 축구의 한 형태가 피렌체에서는 16세기부터 오늘날까지 이어지고 있다. 피렌체 시 각 구역 팀끼리 16세기 의상을 입고 겨루는 '칼치오 스토리코Calcio storico'(전통 축구)에서는 공을 발로 차지 않고 손으로 던져 넣는다. 그렇다면 발은? 사람을 가격하는 용도로 쓰인다. 발뿐 아니라 두 주먹을 쥐고 선수들은 격투를 벌인다. 어떻게 싸워도 좋으나 둘이나 셋이 한 사람을 동시에 공격하면 안 되고, 반드시 일대일 대결이어야 한다. 부상이 심하면 실려 나간다. 교체 선수는 없다. 가급적 상대방 선수들을 많이 쓰러뜨릴수록 승리 가능성이 커진다.

칼치오 스토리코는 세련된 '르네상스 도시' 피렌체의 이미지와 맞지 않지만, 사실 피렌체의 본모습을 잘 보여준다. 토스카나를 정복한 도시 국가답게(돌 3장 참조), 치고받는 싸움을 두려워하지 않는 사내다움이 이 경기의 핵심이다.

칼치오 스토리코를 묘사한 우표 그림

오늘날 세계인이 사랑하는 스포츠인 축구는 간단하지만 엄격한 규칙을 따른다. 발로는 공을 차야지 사람을 걸어차면 곧장 퇴장. 발이 아니라 손으로 공이나 사람을 잡는 것도 반칙. 또한 상대 수비선 뒤편에 미리 가서 공을 받는 것도 '오프사이드' 반칙. 이 세 가지 대원칙에다 머리나 가슴은 써도 되고, 공이 선 밖으로 나가면 손으로 던지고, 골키퍼는 손발을 다 쓸 수 있다는 규칙들을 첨가한 것이 축구 경기의 헌법이다.

피렌체의 칼치오 스토리코와는 매우 다른 신사적인 현대 축구의 규범은 19세기 영국 케임브리지Cambridge의 청년 대학생 신사들이 만든 작품이다.

케임브리지 대학교는 영원한 라이벌인 옥스퍼드Oxford 대학교와 마찬가지로 기숙사를 갖춘 개별 칼리지들에서 교육이 이루어졌다. 서로 다른 역사와 전통을 갖고 있는 칼리지들에 입학하는 학생 대부분은 기숙형 사립 중고등학교인 '퍼블릭 스쿨' 출신이었다. 19세기 초부터 이 퍼블릭 스쿨들에는 학교 스포츠를 강조하는 분위기가 퍼져나가고 있었다. 학생들의 체력 단련뿐 아니라 규칙을 지키며 서로 돕는 습성을 익히도록 하려는 것이 목적이었다.

퍼블릭 스쿨 중에서도 유달리 체육을 강조한 럭비Rugby 스쿨은 공을 손으로 잡고 뛰는 칼치오 스토리코식 경기를 개발했다. 물론 서로 주먹질하는 것은 절대 금기였고 태클할 때도 상체만 잡아야 했다. 발로 공을 차는 것도 부분적으로 포함되었으나 일단은 뛰면서 손으로 공을 던지고 받는 것이 핵심이었다. 반면에 또 다른 명문 학교인 슈루즈베리Shrewsbury에서 하는 축구는 손으로 공을 잡을 수 없었고 오직 발로만 공을 다루는 경기였다.

럭비나 슈루즈베리를 졸업하고 케임브리지에 진학한 학생들은 칼리지에 갇혀 공부만 하려니 몸이 근질근질했다. 케임브리지의 오래된 칼리지들은 수도원처럼 튼튼한 석조 건물들이 사각형을 이룬 구조다. 그 안에 녹지가 있으나 큰 소리로 공을 차고 뛰어노는 것이 아니라 조용히 산책하며 학업에 지친 머리를 쉬는 목적으로 만들어진 공간이다. 축구를 좋아하는 청년 학도들은 칼리지 잔디 정원 대신, 시가 관리하는 넓은 공원인 '파커스 피스Parker's Piece'에 모여 편을 갈라 공놀이를 했다.

케임브리지의 공원 '파커스 피스'

그런데 막상 경기를 하려니, 심각한 장애물이 등장했다. 럭비 학교 출신들은 공을 손으로 들고 뛰었다. 이것은 슈루즈베리 출신들로서는 절대 허용할 수 없는 비신사적인 행동이었다. 그렇다면 어느 학교식으로 게임을 할 것인가? 양측이 팽팽히 맞서는 바람에 타협점을 찾기 쉽지 않았다.

이때 이튼Eton, 윈체스터Winchester 등 다른 퍼블릭 스쿨 출신들이 슈루즈베리 쪽을 지지했다. 이튼의 전통적인 맞수인 해로우Harrow 출신들이 럭비 졸업생들을 거들긴 했으나, 나머지 학교 출신들은 모두 슈루즈베리 규칙을 선호했다. '손'보다는 '발'을 지지하는 세력의 수적인 우세에 힘입어 케임브리지 대학교 축구 동아리에서는 손은 제한적으로만 쓰고 발로 공을 차도록 1848년에 규칙을 만들었다.

케임브리지에서 1848년에 만든 규칙은 축구 동아리의 후배들이 1856년에, 그리고 다시 몇 년 후에 또 다른 후배들이 보완해 1863년에 확정했다. 마침 1860년대는 영국 전역으로 축구가 확산되어 '축구 협회Football Association'가 막 출범한 시기였다. 협회는 결성되었으나 경기 규

파커스 피스의 기념비

칙은 손쉽게 합의하지 못했다. 케임브리지에서 1840년대에 전개된 럭비와 슈루즈베리의 대결이 축구 협회 회의장에서도 다시 반복된 것이다. 손을 쓸 것인가? 아니면 발만? 아니면 손과 발 둘 다? 치열한 토론 끝에 마침내 발로만 공을 차는 케임브리지 축구 클럽의 규칙이 채택되었다. 영국 축구 협회의 규칙은 이후 전 세계로 퍼져나갔다.

2018년 케임브리지 시 한가운데 시원하게 펼쳐진 파커스 피스 한쪽에는 이곳이 축구 규칙이 태어난 곳임을 알리는 기념비가 세워졌다. 기념비에는 케임브리지 대학생들이 만든 규칙이 새겨져 있다. 또한 '축구'를 뜻하는 세계 각 나라의 언어가 기념물을 장식한다. 케임브리지 대학교는 숱한 학자와 위인들을 배출했지만, 이 학교 학생들은 학문과 상관없는 스포츠 발전에도 결정적인 기여를 했다.

떠나고 싶은 발길,
다시 불러들인 고향

잘츠부르크 전경

잘츠부르크를 음악의 도시로 만든 일등공신 모차르트,
성인이 된 그는 잘츠부르크를 벗어나 자유로워지고자 했으나
20세기에 잘츠부르크는 다시 그를 불러들여 축제를 열었다.

"애야, 뭘 쓰고 있었니?"

"피아노 협주곡이에요."

"아빠한테 좀 보여줄래?"

사내아이가 아빠에게 건넨 오선지에는 잉크가 여기저기 뚝뚝 떨어져 있다. 아직 펜 다루는 법이 익숙지 않다. 작곡가의 이름은 볼프강 아마데우스 모차르트Wolfgang Amadeus Mozart(1756~1791). 나이는 이제 겨우 네 살. 아빠는 아이가 오선지에 적은 음들을 읽어나간다. 화음과 선율의 조화가 절묘하다. 아빠의 눈에서는 자신도 모르게 감격과 충격의 눈물이 흘러내린다.

아빠는 이미 음악 천재를 하나 자식으로 두고 있었다. 딸이었음에도 피아노에 놀라운 소질을 갖고 있음을 발견하고 그녀를 음악가로 훈련시키는 중이었다. 사내아이는 누나가 치는 피아노를 곁에서 구경하다 세 살 때부터 자신도 따라서 치기 시작했다. 그리고 1년 후 그는 협주곡을 작곡했다.

'하느님, 제게 이 천재 자식들을 주셨으니, 이 아이들을 위해 저의 모든 것을 바치겠습니다.' 아버지 레오폴트 모차르트Leopold Mozart(1719~1787)는 경건한 사람이었기에 이렇게 기도했다. 또한 그 기도대로 실천했다.

모차르트 광장에 세워진 모차르트 동상

레오폴트 본인도 음악으로 자수성가한 인물이었다. 혼자 열심히 노력해서 잘츠부르크Salzburg 궁정 오케스트라 바이올린 연주자 자리를 거쳐 부단장 자리까지 승진했다. 그는 오케스트라 전속 작곡가로서 공연용 음악을 만들었고, 이 악보들을 출판업자에게 돈 받고 넘겨주었다. 그는 음악 교사로도 활동하며 수입을 보충했다. 이렇듯 분주한 일정 속에서도 레오폴트는 자기가 낳은 신동들을 음악가로 키워내는 데 온 정성을 쏟았다.

레오폴트는 잘츠부르크 궁정이 허용하는 범위 내에서, 딸과 아들을 데리고 유럽의 대도시들을 다니며 음악 공연을 했다. 어린 신동들의 재주를 보려고 모인 귀족과 부자들은 박수를 보냈고 격려금을 주었다. 모차르트 가족의 명성은 유럽 전역에 퍼져갔다. 어린 자녀들은 아버지의 뜻대로 별 불평 없이 이곳저곳을 따라다녔다. 아버지는 인자했으나 완고했다. 모든 것이 자식들을 위한 것임을 확신했기에 그는 자신의 판단대로 모든 일을 추진했다.

그러나 볼프강이 귀여운 사내아이에서 젊은 사내로 변해감에 따라 점차 충돌이 잦아졌다. 아들도 이제 음악가로서 스스로 먹고살 나이가 되었다. 아버지는 아들을 빈, 뮌헨, 파리, 베르사유로 데리고 가 좋은 일자리를 물색해 보았으나 마땅치 않았다. 결국 레오폴트는 자기 아들이 잘츠부르크 궁정 음악가로서 안정된 생활을 하는 것이 최상이라고 생각했다. 하지만 아들의 생각은 달랐다. 볼프강은 아버지 없이 혼자 큰 도시에 가서 마음껏 자신의 기량을 과시하길 원했다. 그의 마음은 잘츠부르크를 이미 떠나 있었다. 발길은 고향을 떠나지 못해 안달했다.

그러나 아버지의 뜻이 너무 강했다. 볼프강은 17세에 잘츠부르크 궁정 음악가로 채용되었다. 잘츠부르크는 세속 군주가 아니라 가톨릭교회 대주교가 다스리는 도시였다. 잘츠부르크 궁정 음악가는 기악곡 외에도 종교 음악을 만들어야 했다. 모차르트는 이러한 음악도 다 좋지만, 오페라를 작곡하고 싶었다. 잘츠부르크에서는 가능한 일이 아니었다.

그래도 음악을 작곡해 연주하는 일은 항상 즐거웠다. 이 시대에 모차르트가 만든 곡들에서는 풋풋한 젊은 기상이 느껴진다. 그가 16세에 지은 〈디베르티멘토 D장조Divertimento in D major〉(K. 136)가 좋은 예다. 잘게 펼쳐지는 음들과 순간적 비약이 활기차게 뛰는 젊은 맥박에 실려 앞으로 나아간다. 동시에 다른 곳으로 떠나고 싶어 동동 발을 구르는 심정이 1악장의 경쾌한 리듬 속에 담겨 있다. 마지막 악장 '프레스토presto'에서 바이올린은 급하게 발길을 옮기며 달려간다. '어서 서둘러!'

잘츠부르크를 떠나고 싶은 아들과 그를 붙잡아 놓고 함께 잘츠부르크에서 음악가 가문을 세우고자 했던 아버지 사이의 갈등은 점점 더 심해졌다. 마침내 볼프강은 1781년, 아버지 및 잘츠부르크와의 결별을 선언했다.

"저는 잘츠부르크에서는 행복한 적이 없었습니다. 젊은 나이에 그 갑갑한 구멍에 갇혀 아무것도 안 하고 허송세월하라고요? 그것은 정말 매우 슬픈 일입니다."

아들은 아버지에게 보내는 편지에 이렇게 적은 후 빈에서 프리랜서 생활을 시작했다.

모차르트는 신발에서 잘츠부르크의 흙을 털어버리고 훨훨 떠나간 후 생전에 다시 고향으로 돌아오지 않았다. 그러나 20세기에 잘츠부르크는 그를 불러들였다. 1920년에 개시된 잘츠부르크 페스티벌Salzburger Festspiele은 이 작은 도시를 여름마다 유럽 최고의 고전 음악 공연장으로 바꿔놓는다. 잘츠부르크 페스티벌에는 음악 외에 연극 공연도 포함되지만, 음악의 비중이 더 크다.

어떤 해이건 연주되는 음악 중에 모차르트의 오페라와 기악곡이 빠지는 법은 없다. 2020년은 잘츠부르크 페스티벌 100주년이었다.

호엔잘츠부르크성이 보이는 잘츠부르크의 야경

코로나 19의 확산으로 규모는 축소되었으나 축제는 개최되었고 모차르트 음악은 어김없이 도시의 공연장에서 울려 퍼졌다.

잘츠부르크는 공기 좋고 걷기 좋고 친절한 관광 도시이다. 음악 축제 기간이 아닐 때도 모차르트 덕에 사람들의 발길이 끊이지 않는다. 고향이 싫어 도주한 작곡가가 고향의 후손들을 먹여 살리고 있는 셈이다.

달리는 기계,
멈춰선 시간

툼베르크 언덕에서 내려다본 카를스루에 전경

'자전거 타기에 가장 좋은 도시'라는 타이틀은
자전거를 발명한 드라이스가 살던 카를스루에에 제격이다.
정작 본인의 야망은 제대로 실현되지 못했지만.

'독일 자전거 협회'에서는 매년 자전거 타기에 가장 좋은 도시가 어딘지를 묻는 여론 조사 결과를 발표한다. 독일 서남쪽 주인 바덴 뷔르템베르크Baden-Württemberg주의 카를스루에Karlsruhe는 2018년 조사에서 1위에 올랐다. 보행자와 자전거 이용자를 위한 도로망이 매우 잘 갖춰졌건만, 카를스루에는 그동안 북서쪽 노르트라인 베스트팔렌Nordrhein-Westfalen주의 뮌스터Münster 시에 밀려 2위에 머물다 드디어 1등을 차지한 것이다.

자전거 친화 도시 순위가 그다지 대단할 것은 없어 보이지만, 카를스루에에게는 특별한 의미를 갖는다. 자전거를 처음 발명한 사람이 이 도시 사람이기 때문이다. 그의 이름은 '카를 프리드리히 크리스티안 루드비히 프라이헤르 드라이스 폰 자우어브론Karl Friedrich Christian Ludwig Freiherr Drais von Sauerbronn', 줄여서 '카를 폰 드라이스'로 불린다. 이름이 길고 가운데 '폰von' 자가 들어 있다는 것은 그가 오랜 전통을 자랑하는 귀족 혈통을 물려받았다는 뜻이다. 그러나 '카를 폰 드라이스'는 전통 수호가 아닌 혁신의 대명사다.

드라이스가 태어나서 자란 카를스루에는 명목상으로만 신성 로마 제국 밑에 있고 사실상 독립 국가였던 바덴의 통치자가 거주하는 수도였다. 이 도시의 모든 길들은 18세기에 지은 카를스루에 궁에서

카를스루에 궁으로 연결되는 도로들

부채꼴 모양으로 연결된다. 길뿐만 아니라 모든 권력은 카를스루에 궁에서 발원했다.

드라이스의 친가와 외가 모두 바덴의 명문 귀족 가문이었으나, 부친 '카를 빌헬름 루드비히 프리드리히 폰 드라이스 프라이헤르 폰 자우어브론Carl Friedrich Wilhelm Ludwig Friedrich von Drais Freiherr von Sauerbronn'은 그의 긴 이름처럼 혈통만 좋은 귀족이 아니었다. 그는 바덴의 공권력을 지휘하던 실세 중 실세였고 드라이스가 성장하고 활동하던 시기에는 바덴 사법부의 수장이었다.

부친은 아들을 카를스루에 최고 명문 학교에 입학시켰으나 아들이 라틴어나 인문학에는 소질이 없음을 보고는 임업 전문학교로 전학시켰다. 드라이스는 임업 학교를 거쳐 하이델베르크Heidelberg 대학으로 진학하여 건축, 농학, 물리학을 공부했다. 졸업 후 그는 산림청 관리로 임용되었다. 바덴은 관광 명소로 유명한 슈바르츠발트 Schwarzwald('검은 숲'이라는 뜻)를 비롯한 양질의 산림을 소유한 나라였기에, 임업 관리직은 꽤 중요한 자리였다.

그러나 드라이스가 열정을 쏟은 대상은 숲과 나무가 아니라 기계였다. 그는 1810년에 산림청에 장기 휴직원을 내고 발명에 몰두했다. 그의 발명품들은 음악 기계, 요리 기계, 타자기 등 한두 가지가 아니었으나 가장 획기적인 발명품은 사람이 걷거나 말을 타지 않고도 이동할 수 있는 도구, '라우프마쉬네Laufmaschine'(달리는 기계)였다. 기계의 작동 방식은 다음과 같다.

두 개의 나무 바퀴를 연결하고 그 가운데 안장을 얹어 사람이 앉는다. 앉은 사람은 두 발로 땅을 번갈아 차며 바퀴를 움직인다. 바퀴의 동력을 이용하기에 걷거나 뛸 때보다 훨씬 더 쉽게 또한 신속하게 이동할 수 있다. 방향 조정은 앞바퀴에 달린 핸들로 한다. 발을 차는 힘을 조정해서 속도를 늘이거나 줄인다. 바퀴를 정지시키려면 두 발을 땅에 대고 멈춰 선다. 이 '달리는 기계'의 다음 진화 단계는 페달과 브레이크를 달아주는 것이나, 드라이스의 생각이 거기까지는 도달하지 못했다.

드라이스는 이 새로운 기계의 효능을 몸소 증명했다. 1817년 6월 12일 사람들이 지켜보는 가운데 7킬로미터 거리를 '달리는 기계'를 타고 갔다가 다시 돌아왔다. 1시간도 채 걸리지 않았다. 평균 속도는 시속 15킬로미터. 말 타고 달리는 것보다는 느리지만 사람이 자기

'달리는 기계'를 타고 달리는 드라이스

발로만 걸을 때 평균 속도가 5킬로미터 정도임을 감안하면 대단한 성과였다. 같은 해 7월에 드라이스는 도보로 2시간 걸리는 산길을 '달리는 기계'를 타고 1시간에 주파했다. 연이어 8월에는 카를스루에에서 시작해 70킬로미터 장거리를 같은 방식으로 완주했다.

드라이스의 '달리는 기계'는 바덴을 넘어 독일어권 국가들 및 유럽 전역에 알려졌다. 그의 기계를 모방한 '달리는 기계'들이 유럽 전역에서 등장했다. 하지만 자전거의 아버지 드라이스의 삶은 순탄치 못했다. 그는 자신의 발명품으로 큰돈은 벌지 못했다. 바덴 대공에게 받은 특허는 바덴에서만 유효했다. 바덴은 좁지만 유럽은 넓었다. 자신이 개발한 기술을 바덴 밖에서 남들이 도용해도 전혀 손을 쓸 수 없었다.

바덴 안에서도 그의 처지는 편치 못했다. 본인은 체제 개혁을 지지하는 자유주의자, 그러나 그의 부친은 체제 수호의 선봉장. 과격한 젊은이들은 아버지 대신 만만한 아들에게 테러를 가했다. 그는 신변의 안전을 위해 몇 년간 브라질에 가 있었다. 귀국 후 발명을 계속하며 경제적 자립을 도모했지만, 아버지가 세상을 떠난 후로는 매사가 쉽지 않았다. 갑갑한 마음을 술로 달래다 보니 몸은 점점 망가져갔다.

1848년, 자유주의 혁명이 유럽 도시들을 휩쓸던 해에 바덴에서도 봉기가 일어났다. 드라이스는 혁명에 적극 동조했다. 그러나 혁명은 실패했고, 그의 삶은 더욱 더 피폐해졌다. 그가 1851년 카를스루에에서 사망했을 때 남겨놓은 재산은 거의 없었다.

드라이스의 '달리는 기계'는 카를스루에의 프린츠 막스 팔레Prinz Max Palais 박물관에 가면 만나볼 수 있다. 사람의 두 발 대신 두 바퀴로 달리는 길을 열어준 주인공은 영광스런 1817년의 여름을 회상하며 이 아름다운 건물 속에 조용히 멈춰있다.

방랑하는 유태인,
돌아갈 곳은 시온

바젤의 구도심 알트슈타트

유태인들은 유럽 전역에서 자신들만의 전통을 지키며 살았다.
'방랑하는 유태인'은 허구의 이야기지만 현실이기도 했다.
그러다 마침내 바젤에 모여 고향으로 돌아가기로 결정한다.

유럽 대륙에서 유태인들이 산 역사는 최소한 2천 년은 족히 된다. 유태인 파울로스(바울)가 1세기 중엽 기독교 복음을 전하러 그리스로 들어왔을 때(돌 1장 참조), 그를 환대하거나 박해한 주역들은 이미 로마 제국 도시들에 자리 잡고 살던 유태인들이었다.

이후 세월이 흘러가며 때로는 추방당하고 때로는 죽임도 당하며 늘 차별받으면서도 유태인들은 유럽 여기저기에서 자신들의 전통을 지키며 살았다. 제2차 세계대전 직전에 유럽 대륙에 살던 유태인은 9백만 명에 육박했다. 전쟁 기간에 나치스에 의해 6백만 명에 가까운 유태인이 학살당한 후 유럽의 유태인들은 미국이나 이스라엘로 대거 빠져 나갔다.

유럽에 여러 세대째 거주할 때도 유태인들은 근본적으로 나그네 신세였다. 박해가 심해지면 언제든 짐을 싸서 다른 곳으로 떠날 각오를 하고 살아야 했다. 이들의 발은 늘 방랑길을 떠날 준비가 되어 있었다. 유태인들의 이러한 불안한 처지는 중세 때부터 내려오는 '방랑하는 유태인' 전설에 잘 담겨있다. 수도사들의 연대기를 보면 1223년 또는 1228년에 예루살렘으로 가던 순례자들이 아르메니아 Armenia에서 유태인 한 사람을 만난 이야기가 나온다.

혼자 여행하는 늙은 유태인, 모습이 범상치 않다. 순례자들이 행선지를 묻자 자신의 정체를 밝힌다.

"나는 예수가 골고다 언덕(돈 3장 참조)으로 십자가를 메고 힘겹게 걸어 올라갈 때 그를 조롱한 사람이오. 그 죄로 이렇게 떠돌아다니고 있습니다. 예수가 재림하여 세상을 심판하는 마지막 때까지."

이후 시대에도 방랑하는 유태인을 만났다고 주장하는 사람들이 이따금 등장하기는 했으나, 그가 죽지 못하는 이 유태인인지는 입증된 바 없다. 그러나 현실이 아닌 허구의 세계에서 '방랑하는 유태인'은 19세기로 들어와 부쩍 자주 출몰한다.

'방랑하는 유태인' 전설은 '진정한 예술가는 자신의 운명을 묵묵히 받아들인 채 홀로 이 세상을 떠돌 수밖에 없다'는 19세기 낭만주의 신조와 잘 맞아떨어졌다. 게다가 하느님의 아들에게 직접 대든 용기의 소유자라는 점에서도 후한 점수를 받았다.

스위스 바젤Basel의 유태인 박물관에는 '방랑하는 유태인'이 유행을 타던 19세기에 그려진 삽화가 하나 걸려 있다. 이 유태인은 1800년 넘게 산 사람치고는 그다지 노쇠해 보이지 않는다. 시대의 변화에 적응하는 능력도 뛰어나다. 입은 옷도 번듯하고 신발도 튼튼하다. 안경을 끼고 있고, 담배 파이프를 하나 물고 있다. 길게 휘어진 코를 보면 유태인이고, 등에 진 봇짐과 지팡이를 보면 정처 없는 방랑자다. 그가 어디로 가는 중인지는 알 수 없지만, 그림이 바젤에 걸려 있는 한 그는 바젤에 체류 중이다.

바젤과 유태인 사이에 특별한 인연이 있었던 걸까? 유럽 도시에 흩어져 사는 민족 유태인들은 바젤을 비롯한 스위스의 다른 도시들

〈방랑하는 유태인〉, 바젤 유태인 박물관, 1820~1840년

에서도 작은 공동체를 만들어 살고 있었다. 그러나 프라하, 부다페스트, 베를린 같은 대도시에 비하면 바젤 인구에서 유태인이 차지하는 비율은 미미했다.

바젤의 유태인 박물관은 제2차 세계대전 후 독일어권에서는 제일 먼저 개장한 셈이긴 하나, 규모도 작고 소장품도 소박하다. 프라하에는 일찍이 1906년에 유태인 박물관이 설립되었다. 베를린에도 1933년에 유태인 박물관이 세워졌으나 나치스에 의해 폐쇄되었다. 2001년에 새롭게 확장해서 개장한 베를린 유태인 박물관은 이 도시의 관광 명소에 포함된다.

1897년 바젤에서 열린 첫 번째 세계 시온주의자 대회

바젤의 유태인 공동체나 유태인 박물관이 다른 도시들과 경쟁할 수 없기는 해도, 바젤은 유태인 역사에서 결정적인 한 순간을 지켜본 도시다. 1897년 8월, 바젤의 한 콘서트홀로 유럽의 방랑하는 유태인들의 발길이 향했다. 모임의 이름은 '세계 시온주의자 대회the Zionist Congress'. 이들은 방랑에 종지부를 찍고 고향으로 돌아가기로 결의했다.

"고향이라면, 어디? 베를린? 프라하?"

이들은 격앙된 어조로 답했다.

"천만에! 이방인들 밑에서 구박받으며 살던 그 도시들이 고향이라니! 우리의 고향은 조상들의 땅, 이스라엘, 시온Zion이요!"

"거기 지금 살고 있는 사람들은 어쩌고?"

이 질문에 대해서는 약간 더 차분한 말투로 답했다.

"고대 이스라엘의 터였던 팔레스타인Palestine은 지금 대영 제국이 통치하고 있소. 영국 등 유럽 열강들이 마음만 먹으면 팔레스타인에 유태인들이 살 땅을 마련해줄 수 있을 것이오."

이 회의의 주도자는 부다페스트 출신 헝가리 시민 테오도르 헤르츨Theodor Herzl. 그는 무대 위 단상에서 물었다.

"팔레스타인은 우리 유태인의 땅, 야훼가 우리에게 준 시온 땅 아닙니까?"

객석은 우렁찬 목소리가 대답했다.

"맞습니다!"

바젤에서는 그다음 해인 1898년부터 1931년까지 총 9회 시온주의자 대회가 열렸다. 유럽의 다른 도시들에서도 개최된 적 있으나 바젤에서 열린 횟수가 가장 많다. 유럽 전역에서 오기에 편하고, 개명한 대학 도시라 대놓고 유태인을 괴롭히지는 않았으므로, 런던이나 빈 등 대도시보다 바젤을 선호했다. 1930년대에 들어와 나치스의 유태인 핍박이 본격화되고, 제2차 세계대전 때 동포들이 학살당할 시기에는 대회가 열릴 수 없었다.

전쟁이 끝나자 1946년에 다시 시온주의자들이 모였다. 도시는 역시 바젤. 이것이 유럽에서 시온주의자 대회가 개최된 마지막 해이다. 다음 회의는 1951년 예루살렘에서 열렸다. 이후로는 오늘날까지 이 대회는 계속 '시온 땅' 예루살렘에서만 개최된다.

CODE 6

피

도시의 보물
예수의 피

브뤼헤의 운하와 중세풍의 집들

브뤼헤 성혈 교회에 보관된 예수의 피가 묻은 헝겊 조각,
이 성물이 도시 한 바퀴를 도는 성혈의 행렬 축제가 벌어지면
아름다운 브뤼헤는 더욱 특별하고 아름다운 하루를 맞는다.

벨기에의 중세 도시 브뤼헤Brugge(프랑스어로 브뤼주Bruges)는 강에 감싸여 있으며 안으로 운하를 품고 있다. 돌과 벽돌, 종탑과 굴뚝, 박공과 창틀에서는 평온한 건실함이 느껴진다.

브뤼헤의 구도심은 유네스코의 유형 문화유산(세계 문화유산)이다. 그뿐만 아니라 이 도시에서 벌어지는 축제는 유네스코 무형 문화유산이다. 이 축제의 역사는 14세기 브뤼헤의 전성시대부터 지금까지 이어진다.

중세 시대에는 브뤼헤로 배가 들어왔다. 근세 이후로는 점차 굳은 땅에 갇히게 되었으나, 14세기 브뤼헤는 북유럽 발트해의 한자동맹 도시들과(돈 7장 참조) 유럽 본토를 연결하는 가교였다. 러시아 모피, 스칸디나비아 목재, 스페인 오렌지, 이탈리아 공산품, 프랑스 와인, 영국 양모가 모이는 거대한 도매 시장이었다.

브뤼헤를 비롯한 플란데런(플랑드르) 지방은 플랑드르 백작이 다스리는 영토였다. 플랑드르 백작은 직함으로는 프랑스 왕 밑에 있는 '백작'이지만, 사실상 프랑스 왕과 대등한 세력을 자랑하는 독립 군주였다. 브뤼헤는 플랑드르 백작이 거주하는 수도로, 그가 명목상 이 도시의 최고 권력자였다. 그러나 도시의 상인과 사업가들은 막강한 경제력을 바탕으로 꿋꿋하게 자주권을 주장했다. 이 도시의 사실상 주인은 동업자 길드들이었다.

이 부유하고 자부심 강한 도시에서 가장 중요한 물건은 무엇이었을까? 창고에 보관해놓은 러시아 모피? 부두에 쌓아놓은 스칸디나비아 목재? 최상품 스페인 오렌지? 최고가 프랑스 와인? 아니다. 브뤼헤의 가장 소중한 보물은 자그맣고 홀쭉한 유리병. 정확히 말하면 유리병 안에 있는 헝겊 조각. 거기에는 아주 소중한 피가 묻어 있다. 예수 그리스도가 십자가에서 흘린 피. 예수가 피를 흘린 곳은 팔레스타인의 예루살렘 언덕이건만, 어떻게 멀리 브뤼헤까지 왔을까?

예수가 십자가에서 숨을 거둔 후 그의 시신을 아리마태아의 요셉 Joseph of Arimathea이 수습해 자신이 죽은 후 묻힐 자리로 만들어놓은 동굴 묘지에 넣고 무거운 돌로 봉했다. 예수가 죽은 지 3일째되던 날, 요셉이 예수 묻은 곳을 확인하니, 무덤의 돌은 한쪽으로 치워져 있고 그 자리에는 수의만 남아 있었다. 부활한 예수는 여러 제자들 앞에 여러 번 나타난 후 승천했다. 여기까지는 『신약성서』 복음서에 기록되어 있다. 성서에 나오지 않지만 아리마태아의 요셉은 피로 얼룩진 예수의 얼굴을 닦고서 그 피가 묻은 천을 고이 간직했다고 전해진다.

그로부터 1천 년이 더 흐른 12세기, 유럽 기독교 십자군 기사들은 성지 이스라엘 땅에 가서 무슬림들을 추방하는 전쟁을 벌인다. 이 당시 플랑드르의 백작인 알자스의 데릭(디데릭 판 덴 엘자스Diederik van den Elzas, 1100~1168)도 십자군에 합류해서 이교도들을 열심히 무찔렀다. 그의 용기에 탄복한 예루살렘의 왕은 예수의 피가 묻은 천을 그에게 선물했다. 플랑드르 백작은 그것을 브뤼헤로 가져왔다.

브뤼헤에서는 이 성물을 처음에 보관했던 작은 예배당을 재건축해서 '성혈(거룩한 피) 교회Heilig-Bloedbasiliek'를 지었다. 이 성물이 교회 밖으로 나와서 도시를 한 바퀴 순회하는 '성혈의 행렬Heilig Blodeprocessie' 축제는 그 시절부터 오늘날까지 매년 거행된다. 이 축제의 오랜 역사, 화려한 규모, 성물의 특별한 가치 등을 감안해 유네스코는 2009년에 브뤼헤의 성혈 행렬 축제를 무형 문화유산으로 등재했다.

축제의 날짜는 부활절에서 40일 후인 '예수 승천 대축일Feast of the Ascension'이다. 부활절 날짜가 조금씩 바뀌기에 이 축제일도 가변적

브뤼헤 성혈 교회의 내부

이기는 하나 어느 해이든 5월에 열린다. 5월은 대한민국 남쪽 한 도시에게 매우 중요한 달이지만, 브뤼헤에게도 특별한 의미를 갖는다.

1301년 5월, 브뤼헤와 다른 플란데런 도시들은 자주권을 박탈하려드는 프랑스 왕에 맞서 봉기했다. 이 싸움에서 백 년쯤 전부터 이 도시에 와있던 예수의 피는 큰 도움이 되었다. 무장한 천사가 하늘에서 내려와 전투에 참가하지는 않았지만, 브뤼헤 사람들의 전의를 고조시킨 공로가 컸다.

"예수의 피를 소유한 브뤼헤 시민들이여, 진격하라!"

평균 3천여 명의 시민이 참가하는 브뤼헤 성혈의 행렬 축제는 '브뤼헤의 가장 아름다운 날Brugges Schoonste Dag'로 불린다. 성직자들이 성혈을 들고 앞장서고 그 뒤를 전통 복장을 입은 시민들이 따른다. 그냥 걷기만 하는 것이 아니라 기독교 경전과 도시의 역사에 나오는 주요 사건을 연극으로 표현한다. 악단은 연주하며 걷고 무용수들은 걷다가 춤을 춘다.

성혈의 행렬이 브뤼헤 최고의 행사로 자리 잡은 14세기에는 축일 날짜가 5월 3일이었다. 이날 각 길드의 회원들은 길드 회관에서 아침을 먹고 대기하고 있다. 브뤼헤 한가운데 우뚝 솟은 종탑에서 아침 7시에서 8시까지 종이 울려 퍼진다. 종소리를 들으며 길드 회원들이 광장으로 모인다. 10시가 되자 이 행렬의 주인공인 '예수의 피' 성물이 교회 밖으로 나와 행차를 시작한다. 성물을 든 성직자들을 무장한 민병대와 활 제조업자 길드가 호위한다.

브뤼헤의 시민이라면 그 누구건 이 행사에 즐겁게, 또한 엄숙하게

브뤼헤 성혈의 행렬 축제

참가했다. 도시의 주요 길드 회원들은 반드시 제복을 입어야 했다. 복장이 불량하거나 행사 중 처신이 부적절하면 벌금을 내야 했다. 죄질이 나쁘면 도시에서 추방당했다.

"화평이 있는 그곳에 하느님이 있다."

1360년 브뤼헤 시 당국은 이 축제의 정신을 이렇게 정의했다. 브뤼헤를 지켜주는 '예수의 피'가 도시를 한 바퀴 도는 동안 평상시의 모든 분란은 일시 정지되었다. 부유한 상업 도시에서 당연히 문제되는 부유한 자에 대한 덜 부유한 자의 시기, 고용하는 자와 고용된 자의 갈등은 이날에는 모두 잊혔다. 그야말로 '브뤼헤의 가장 아름다운 날'이었다.

야만인 좀 죽인 게
무슨 큰 문제라고

바야돌리드 광장과 시청

 아메리카 식민지의 원주민 학대를 당연하게 여기던 시대,
라스 카사스는 이런 현실에 눈 감지 않고 논쟁에 불을 지핀다.
"진짜 야만인은 바로 스페인 사람들입니다!"

스페인 바야돌리드Valladolid를 구글에서 검색하면 축구 관련 기사들이 검색 페이지를 메운다. 축구 명가인가? 스페인 프로 축구 리그에서 바야돌리드가 차지하는 위상을 점검하기에 앞서 이 도시를 존중하고 기억해야 할 이유는 따로 있다. 이 도시는 우리 시대의 화두가 된 '인권' 개념이 처음으로 학술적인 논쟁 주제로 다뤄진 곳이다. 죄 없는 아메리카 원주민들을 무참히 죽인 스페인 사람들의 행위를 비판하는 쪽과 옹호하는 측은 이 도시의 대학에서 1550년에서 1551년에 걸쳐 역사적인 논쟁을 벌였다.

바야돌리드에 대학이 설립된 해인 1241년 무렵에 스페인 왕은 이베리아반도 전부를 다스리지 못했다. 남쪽에는 아직 무슬림의 왕국 알안달루스가 건재했다(물 2장 참조). 내륙 북쪽 바야돌리드에 대학이 들어선 이유도 그곳이 무슬림들의 공격으로부터 안전지대였기 때문이다. 하지만 1550년의 스페인은 전혀 달랐다. 이베리아반도를 모두 장악했을 뿐 아니라 대서양 건너 신대륙 아메리카의 거대한 땅들도 스페인 왕의 영토로 편입되었다. 아메리카에서 캐어낸 은과 금이 본토로 흘러들어왔고 스페인 왕은 유럽 최대의 권력자로 부상했다.

스페인의 지식인들이 갑자기 넘쳐나는 은과 금의 원산지 사정을 모를 리 없었다. 들리는 소문은 끔찍했다.

"원주민을 무참히 죽이고 땅을 빼앗은 것도 모자라, 이들을 짐승처럼 부려먹다 지쳐 쓰러지면 찔러 죽인다던데?"

아메리카 식민지 개발을 옹호하는 목소리는 당당했다.

"강한 자가 약한 자를 정복하는 것은 자연의 법칙이다. 게다가 원주민들은 야만인이다. 그들의 수준에 맞게 대우하는 게 옳다."

이러한 논쟁에 불을 지핀 한 인물이 있었다. 바르톨로메 데 라스 카사스Bartolomé de las Casas(1484~1566). 그는 세비야Sevilla에서 태어나 일찍이 아메리카 식민지로 이주했다. 그곳에서 살며 스페인 사람들이 원주민을 학살하고 학대하는 광경을 생생히 목도했다. 본인도 한때는 그 대열에 낀 적이 있다. 그는 가톨릭 사제의 신분이었음에도 노예 농장주를 겸했다. 그러나 라스 카사스는 본국에서 온 도미니코회 수사들이 스페인 사람들의 만행을 꾸짖는 설교를 듣고 양심의 가책이 날로 심해져 자기 소유 노예를 모두 총독에게 반납했다. 그 후 도미니코 수도회에 입문, 수사로 살며 원주민들의 인권을 보호하는 데 여생을 바쳤다.

라스 카사스는 스페인과 아메리카를 오고가며 본국 정부와 교황에게 아메리카의 현실을 알리기 위해 진력했다. 본국의 일반인들도 아메리카 식민지의 실상을 알 수 있도록 『인디오 땅 파괴에 관한 짧은 역사Brevísima relación de la destrucción de las Indias』를 써서 1552년에 출간했다. 그는 국왕을 움직여 원주민 보호법령을 제정하게 했고, 교황을 설득해 원주민의 인권을 존중하라는 칙령을 얻어냈다.

아메리카의 농장주와 광산주들은 거세게 저항했다. 이들은 멕시

세비야에 있는 라스 카사스 기념 조각

코 치아파스Chiapas의 주교로 임명받은 라스 카사스를 집중적으로 공격했고, 라스 카사스를 본국으로 쫓아버리는 데 성공했다. 이들은 라스 카사스의 주장을 반박하고 자신들을 정당화하는 여론전을 벌였다.

본국에서 식민지 지배자들을 옹호하는 세력도 만만치 않았다. 실질적인 이권과 연루된 자들은 물론이요, 지식인 중에서도 흑색선전을 그대로 받아들이는 자들이 많았다. 이들은 주로 르네상스 인문주의를 추종하는 '개명한' 지식인들이었다. 이들이 보기에 라스 카사스 같은 종교인들은 낡은 사고방식에 갇혀 있었다. 르네상스 인문주의자들은 기독교가 등장하기 전 마음 편히 노예를 부려먹던 이교도 시대가 다시 돌아와 주기를 바랐다.

"고대 로마에서 누가 약자를 섬겼나? 고대 그리스의 철학자들이 야만인을 문명인 취급하라고 한 적 있나?"

두 진영 간 논쟁이 치열해지자, 마침내 당시 스페인 최고의 대학인 바야돌리드에서 학계와 종교계 인사가 참석한 가운데 공개 토론회가 열렸다.

단상에는 라스 카사스가 앉아 있다. 그의 맞수는 인문주의자 후안 히네스 데 세풀베다Juan Ginés de Sepúlveda(1494~1573). 아리스토텔레스 철학에서 로마법까지, 고대 그리스·로마 문명을 깊이 연구한 '잘 나가는' 학자다. 하지만 세풀베다는 아메리카에 가본 적이 없다. 라스 카사스는 아메리카에서 수십 년을 산 아메리카 전문가. 그럼에도 세풀베다는 자신 있게 라스 카사스에게 한 수 가르치려 든다.

"원주민들은 식인종입니다. 그러니 이 야만인들을 죽이는 것은 자연법에 맞습니다. 원주민들은 천성이 열등합니다. 따라서 우월한 백인의 노예가 되는 것이 당연합니다. 원주민들은 게으르고 사악한 존재입니다. 따라서 이들에게는 폭력을 사용하는 게 마땅합니다."

라스 카사스의 반격은 웅변적이고 예리했다.

"누가 진짜 야만인일 줄 알려드릴까요? 바로 스페인 사람들입니다! 무고한 사람들을 취미 삼아 죽이는 그 자들보다 더 심한 야만인이 어디 있습니까? 식인종이라서 야만인이라고요? 원주민들은 이따금 전쟁의 포로만 죽였지만, 스페인 사람들은 수만 명의 남녀노소 양민을 학살했습니다. 원주민들이 열등한 존재들이라고요? 그들은

콜레지오 데 산 그레고리오 내부

천성이 착하고 인내심이 많은 사람들입니다. 이들을 학대하는 스페인 사람들이야말로 사탄의 자식들입니다."

바야돌리드 논쟁은 어느 한쪽도 입장을 굽히지 않은 채 끝났다. 그러나 토론이 종료된 그다음 해에 스페인 식민지에서 원주민을 노예로 삼는 것은 법으로 금지되었다.

토론장으로 쓰였던 바야돌리드의 '콜레지오 데 산 그레고리오Colegio de San Gregorio'는 그때 모습 그대로 잘 보전되어 있다. 세월이 흐르며 건물의 소유주와 용도는 바뀌어서 현재 이곳의 공식 명칭은 '국립조각박물관'이다.

황소의 피,
마시고 구경하고

투우장 레알 마에스트란사와 세비야 전경

최근에는 투우를 금지해야 한다는 의견도 있지만,
아직까지 세비야 하면 투우 경기를 빼놓을 수 없다.
황소의 힘과 투지, 투우사의 기교가 어우러지는 축제다.

'상그레 데 토로Sangre de Toro'(황소의 피)는 스페인 서민들이 부담 없이 마시는 대중적인 레드 와인이다. 음식의 동반자 레드 와인 브랜드가 '황소의 피'일 정도로, 스페인은 황소를 찔러 피 흘려 죽게 만드는 투우의 나라다. 오늘날 반대의 목소리도 없지 않다. 동물의 권리를 존중한다며 2013년 카탈루냐Cataluña주 의회가 투우 금지법을 통과시켰다. 그러나 2016년 헌법 재판소가 그 결정을 뒤집었다. 정치인들이 스페인 문화에서 투우를 도려낼 권리를 인정하지 않은 것이다.

투우가 카탈루냐에서는 쇠퇴할지 몰라도, 안달루시아의 수도 세비야의 투우 열기는 쉽게 꺼지지 않을 듯하다. 거대한 세비야 투우장 '레알 마에스트란사Real Maestranza'는 이 도시의 명물 목록에 들어간다. 관중 12만 명을 수용할 수 있는 이 원형 경기장을 헐거나 다른 용도로 사용할 계획은 아직까지 없다.

세비야 투우장의 정식 명칭은 '세비야 왕립 기병대 훈련사 투우 광장Plaza de toros de la Real Maestranza de Caballería de Sevilla'이다. 투우는 사나운 황소 없이 불가능하지만, 원래 투우에서는 말이 큰 역할을 했다. '레알 마에스타란사'도 기병대 훈련을 위해 세워진 귀족 단체의 이름이었다.

말caballo과 기사caballero(귀족)는 다른 유럽에서도 그렇지만 스페인에서는 언어 자체부터 밀착되어 있다. 귀족은 말을 탄 자, 평민은 걷는 자. 이 구별은 전쟁에도 그대로 적용되었다. 기병대는 귀족, 보병은 평민으로 구성했다.

투우의 역사는 이베리아반도가 로마 식민지였던 시절까지 거슬러 올라간다. 원형 경기장 구경거리 메뉴에는 검투사가 다른 검투사와 싸우는 것 외에도 사나운 짐승과의 결투도 포함되었다(돌 6장 참조). 이베리아반도 남쪽을 무슬림이 다스리던 시대나 이들이 북아프리카로 쫓겨 간 후에도, 짐승과의 대결 놀이는 이어졌다. 다만 다른 동물들은 점차 사라지고 황소만 남았다.

황소는 키우기 어렵지 않고 화를 돋우어 놓으면 지쳐 쓰러질 때까지 공격을 멈추지 않는다. 이렇듯 쓸모 있는 적수에 맞서는 무사는 말 탄 귀족들이었다. 투우는 귀족들이 성난 황소 앞에서 말 부리는 기술을 평민들에게 과시하는 공연이었다. '투우' 자체보다 '승마'가 중요했던 역사가 세비야 '마에스트란사'의 공식 명칭에 담겨 있다.

중세에서 근세까지 스페인에서 투우는 도시 축제의 일부였다. 건물로 에워 쌓인 도시의 중심 광장에 임시 객석을 만들어놓고 경기를 벌였다. 광장 경기장에는 말 탄 귀족 투우사들이 창을 들고 대기하고 있다. 곧이어 황소 대여섯 마리가 동시에 광장으로 달려 들어온다. 하나같이 화가 날 대로 나 있는 상태. 말 탄 기사들은 황소들을 놀리고 피하다가 등에 창을 하나씩 꽂는다. 황소의 검은 등에서 선홍색 핏줄기가 흘러내린다. '기병' 투우사들을 돕는 평민 출신 '보병'

레알 마에스트란사의 관중석과 경기장

투우사들은 말과 황소를 따라다닌다.

모든 경기는 반드시 황소가 죽어야 끝난다. 그러나 너무 빨리 죽이면 안 된다. 가급적 오랫동안 싸움을 끌고 가는 것이 경기의 묘미다. 마침내 황소가 너무 지쳐 더 이상 움직이지 못하면, 보병 투우사들이 다가가 심장을 칼로 찌른다.

이러한 전통 투우 경기 방식의 외형은 이후에도 대체로 이어지기는 했으나 내용에는 약간의 변화가 있었다. 17세기에서 18세기로 넘어가면서 전쟁터를 주름잡았던 기병대는 대포와 소총에 밀려 역할이 대폭 축소되었다. 이 시대에 스페인의 투우장에서도 말 탄 아마

투우 경기의 한 장면

추어 귀족들은 사라지기 시작했다. 이들을 대신해서 서민 출신 프로 투우사들이 경기의 주역이 됐다. 이들은 귀족이 아니기에 승마 기술을 과시할 수는 없었다. 직업 투우사는 두 발로 황소 앞에 서서 단창을 들고 대결했다. 그러나 그의 복장과 몸가짐, 창을 쓰는 방식은 자존심 센 귀족들 못지않게 우아한 품격을 갖춰야 했다.

귀족들이 투우장에서 발을 떼자, 왕과 지배층의 투우에 대한 관심도 줄어들었다. 가톨릭교회도 이교도 냄새가 물씬 나는 투우를 곱게 볼 리 없었다. 그러나 교회나 국왕이 투우를 폐지하려는 시도는 매번 좌절되었다. 프랑스 부르봉 왕가 출신 펠리페 5세Felipe V가 치열한 내전 끝에 18세기 초 스페인 왕좌에 오르자, 백성들은 한 목소리로 그에게 요청했다.

"폐하, 우리에게 황소를 주십시오!"

전업 투우사들이 등장하자 이들이 먹고살 수 있는 상설 투우장도 생겨났다. 투우에 관한 한 그 어떤 도시에도 뒤지지 않는 세비야에서는 이미 18세기 초에 사각형 투우 경기장이 등장했다. 도시 광장의 투우장 형태를 따른 것이다. 이 사각형 경기장을 원형 경기장으로 재건축하는 공사가 1749년에 착수되었다. 고대 로마를 되살리려는 설계였다. 그렇긴 해도 1765년 완공된 경기장은 여전히 '플라사 plaza'(광장)로 불렸다. 고대 로마풍의 아치들, 고전주의 장식들, 스페인 특유의 타일들이 곱게 객석을 꾸민 이 '광장'에 왕과 가족을 위한 특별석을 만드는 것도 잊지 않았다.

세비야의 레알 마에스트란사는 투우사들로서는 가장 만만치 않은 경기장이다. 그곳에서 명성을 얻으면 스페인 최고의 투우사가 되지만, 작은 실수 하나도 놓치지 않는 까다로운 애호가들이 지켜보고 있기에 이곳에서 성공하기는 쉽지 않다.

"창과 칼을 손에 쥔 인간이 황소 하나 죽이는 게 뭐 그리 대단하다고?"

이렇게 일축하는 문외한에게 투우를 사랑하는 스페인 사람들은 다음과 같이 응수한다.

"이것은 단순히 황소 죽이는 놀이가 아니오. 황소의 힘과 투지, 투우사의 기교와 민첩함을 칭송하는 축제인 걸 모르겠소?"

살인자의 고운 아리아,
작곡가의 물새 사냥

테라코타 지붕이 아름다운 루카의 전경

홍건한 피가 넘쳐흐르는 오페라 〈토스카〉,
잘 모르는 사람이어도 한 번은 이름을 들어봤을 작품이다.
루카 출신 푸치니는 이 비극을 아름다운 선율에 담아냈다.

무대 위에 주저앉은 여주인공. 잠잠한 소프라노로 노래를 시작한다.

나는 예술을 위해 살았고, 사랑을 위해 살았네,
산 사람 그 누구도 해한 적이 없는데!

신세 한탄은 절규와 원망으로 이어진다.

지금 고통의 시간에
왜, 왜, 주님,
왜 나에게 이렇게 갚아주십니까?

그녀가 '주님'에게 따질 이유는 많다. 가난한 이들을 구제했고, 미사 때 성가를 불렀고, 제단에 꽃을 바쳤다. '그런 나한테 어떻게 이럴 수 있어요?'

사실 그녀를 절박한 궁지로 몰아낸 책임은 '주님'이 아니라 두 남자에게 있다. 한 남자는 그녀가 사랑하는 사람. 다른 남자는 그녀의 몸을 탐한다. 한 남자를 다른 남자가 체포해 고문하고 있다. 체제를 바꾸려는 세력과 지키려는 세력 간의 투쟁에 그녀가 연루된 것이다.

그녀를 탐하는 자는 나이가 많다. 그는 현재 모든 권력을 움켜쥐고 있다. 권력자는 그녀에게 거래를 제안한다.

네가 나를 좋아할 리 없지만, 나는 너를 좋아한다. 네 애인은 내 손에 죽게 되어 있다. 네가 내 원을 들어주면 그를 살려주겠다. 총살하는 척만 하지 총알은 넣지 말라고 지시하면 된다. 하지만 내 품이 싫다면, 그냥 가라. 네 애인은 곧 죽음을 맞이할 테니.

이제 결정의 시간이 임박했다. 그녀는 색욕에 찌든 권력자에게 뜻에 따르겠다고 한다. 그녀도 조건을 제시한다. 몸을 줄 테니, 먼저 그 도시를 벗어날 통행허가증을 써달라고 요구한다. 그녀는 식탁에서 칼을 집어 품에 숨긴다. 서류 작성을 끝낸 사내가 그녀에게 접근해 안으려 하자 여인은 그의 심장을 찌른다. 그리고 외친다.

이것이 토스카의 키스다! 죽어라!

사내는 바닥에 쓰러진다. 경건한 살인자는 사망자의 넋을 기려 촛불을 켠다. 십자가상을 죽은 시신 가슴 위에 얹는 것도 잊지 않는다. 죽은 자의 가슴에서 피가 흥건히 흘러내린다. 그녀의 손에 묻은 피는 잘 씻어지지 않는다.

자코모 푸치니Giacomo Puccini(1858~1924)의 오페라 〈토스카Tosca〉 2

막 장면이다. 주인공 토스카가 살인을 저지르기 전에 부르는 아리아 '노래에 살고, 사랑에 살며Vissi d'arte, vissi d'amore'는 푸치니의 대표적인 명곡 중 하나로, 오페라 무대가 아닌 일반 성악 공연에서도 자주 연주된다.

〈토스카〉 1900년 초연 포스터

그러나 오페라에서는 이 서정적인 아리아가 살인의 전주곡이다. 살인과 피가 이 작품의 본령임을 초연 당시 포스터는 분명히 강조했다. 포스터에는 붉은 핏자국을 배경에 넓게 칠하고, 그 가운데 십자가상을 죽은 자의 가슴에 얹는 토스카의 모습을 담았다.

살인이 언제부터 오페라와 이렇게 친해졌나? 모차르트가 오페라를 쓰고 싶어 잘츠부르크를 떠나던 시절만 해도(발 5장 참조) 오페라와 피는 그다지 인연이 없었다. 이야기가 전개되려면 갈등이 필요하지만 대개 해피엔딩으로 끝났다. 악당을 제거할 때도 직접 무대에서 찔러 죽여 피를 보는 경우는 드물었다. 당시 관객들은 그런 광경을 즐기지 않았다. 관객 대부분이 귀족과 상류층들로, 그들은 오페라 극장에 사람 만나고 사람 구경하러 갔다. 심각한 비극에 몰입할 마음은 전혀 없었다.

푸치니가 오페라를 작곡할 때는 세상이 많이 변해 있었다. 상류 사회 구성원들이 귀족에서 사업가와 장사꾼들로 대체되었고, 일반 대중들도 2등석 입장권을 사서 객석을 채웠다. 이들의 관심을 세 시간 가까이 끄는 데는 비극만큼 좋은 게 없었다.

비극도 비극이지만, 살인은 언제나 대중들이 사랑하는 주제였다. 신문 기사에서 살인이 빠지면 독자들이 실망했다. 소설도 살인이 어딘가에는 등장해야 안정된 판매량을 기대할 수 있었다. '셜록 홈스' 시리즈의 작가 아서 코난 도일Sir Arthur Conan Doyle(1859~1930)은 푸치니와 동년배다. 명탐정 셜록 홈즈가 자신의 기량을 발휘하려면 반드시 살인 사건이 있어야 한다. 푸치니의 놀라운 아리아 작곡 솜씨도 살인과 접목되면 더 빛이 난다.

〈토스카〉는 1900년 로마 국립 오페라 극장Teatro dell'Opera(일명 코스탄치 극장Teatro Costanzi)에서 초연되었다. 오페라 배경도 백 년 전 로마다. 그러나 푸치니는 루카Lucca 사람이다.

놀라운 오페라 작곡가를 배출한 루카도 놀라운 역사를 자랑한다. 토스카나의 도시 국가 루카는 피사를 비롯해서 토스카나의 다른 도시들을 모조리 굴복시킨(돌 3장 참조) 피렌체의 지배를 받지 않았다. 19세기 초까지 수백 년간 독립을 지켜온 루카에서 푸치니 집안은 그의 고조할아버지 때인 18세기부터 음악가 가문으로서 명성을 날렸

푸치니가 사랑한 루카의 휴양지 '토레 델라고'

다. 루카의 대성당 음악 감독 자리는 그때부터 푸치니의 부친 때까지 이 집안 사람들이 독점했다. 이 전통이 푸치니에 와서 끊겼지만 그도 22세까지 고향에서 음악 교육을 받았다.

세계적인 음악가 푸치니는 1924년에 후두암으로 죽을 때까지 루카를 떠나지 않았다. 루카에서 차로 30분이면 닿는 해변 휴양지 '토레 델라고Torre del Lago'에 저택을 짓고 지냈다. 그곳에서 작곡도 했지만, 민물 호수(라고)로 배를 타고 다니며 총으로 물새 사냥하는 게 취미였다.

토스카의 칼에는 사람 피가 짙게 묻어나온다. 총으로 새를 쏴 죽일 때 새의 피는 보이지 않는다.

먼저 피를 짜낸 후,
그다음은 소금과 시간

파르마의 공중 전망

파르마의 통치자는 역사 속에서 계속 바뀌었어도
바다의 소금과 육지의 기름, 그리고 숙성의 시간을 거친
'프로슈토 디 파르마'는 최고 자리를 내어준 적 없다.

유럽인은 여러 형태의 돼지고기를 즐긴다. 반면에 유럽 남쪽 이슬람권에서는 돼지고기를 먹지 않는다. 유럽에 흩어져 살던 유태인들(발7장 참조)도 마찬가지다. 이들의 경전에서는 돼지고기 먹는 것을 금한다. 그런데 오늘날 유럽에서는 종교적인 이유와 상관없이 육식을 거부하는 이들을 쉽게 만날 수 있다. 개중에는 조용히 자신의 식습관을 고수하는 데 그치지 않고 남들의 육식도 방해하려는 운동을 벌이는 이들도 있다.

돼지 뒷다리 햄 '프로슈토 디 파르마prosciutto di Parma'는 이처럼 변하는 이념의 물살을 능히 견뎌낼 것이다. 일단 그 나이부터 만만치 않다. 파르마Parma의 염장한 돼지고기가 명품이라는 언급이 기원전 1세기 문서에 나온다. 그보다 약 2백 년 전, 로마를 침공한 카르타고의 한니발Hannibal(B.C. 247~B.C. 183?) 장군이 이곳에 이르러 염장 햄 맛을 보고 감탄했다는 일화도 전해진다. 한니발 얘기는 전설로 치부한다 해도 파르마의 수제 햄 제조는 1천 년 넘게 이어진 전통이다.

돼지고기를 먹으려면 산 돼지를 죽여야 한다. 이때 돼지 몸에서 엄청난 양의 피가 나온다. 유럽 지역에서는 살코기는 물론 돼지 피를 받아 식재료로 삼는 문화들이 많다. 돼지 창자를 피와 다른 곡식으로 채운 '피 소시지'에도 여러 종류가 있다. 알프스 북쪽에서 스칸

라드를 발라 '프로슈토 디 파르마'를 만들고 있는 사람들

디나비아까지, 영국섬에서 동부 유럽까지, 전통 식단에서 돼지 피가 들어간 요리들은 다양하다.

로마 제국의 본토였던 이탈리아는 이 점에서 다르다. 한두 가지 예외가 있지만, 이탈리아에서 돼지를 잡을 때 피는 모두 흘려버린다. 프로슈토 디 파르마를 만들려면 도축할 때 남은 피마저도 말끔히 제거해야 한다. 여러 달 동안의 건조 과정에서 피가 고여 있는 부분은 쉽게 부패하기 때문이다.

프로슈토 디 파르마를 제조할 때 첫 번째 단계는 돼지 뒷다리에 적절한 힘을 가해 피를 짜내는 것이다. 그다음 소금을 골고루 바른다. 파르마 인근에는 양질의 염전이 있다. 이곳의 소금을 사용해야만 제맛이 난다.

소금의 출처는 그렇다고 치고, 어느 정도 양의 소금을 어디에 어떻게 바를 것인가? 이 심오한 질문에 대한 답은 말이 아닌 손으로 한다. 오로지 현장에서만 전수받을 수 있는 비법이다. 프로슈토 디 파르마는 부드러우면서도 별로 짜지 않기에 '달콤한 햄'으로 불린다. 그 맛을 내려면 절대로 소금이 과도하면 안 된다.

소금을 덧입은 돼지 뒷다리는 찬 실내에서 잠시 쉰다. 그다음 단계에서는 라드lard로 절단면을 골고루 덮어준다. 라드는 돼지기름을 반쯤 응고시킨 것으로 소금 못지않게 중요하다. 소금을 적게 쓰고도 장기간 숙성시킬 수 있는 비결은 바로 라드의 보호막이다.

바다가 남긴 소금과 육지 동물 돼지가 남겨준 라드가 자기 몫을 하면 그 이후는 시간이 책임진다. 시간, 기다림, 침묵. 매달려 있는 돼지 뒷다리는 몇 달에 걸쳐 서서히 숙성된다. 이 모든 과정은 시작부터 끝까지 사람의 손길을 통해서만 이루어진다. 기계가 할 수 없다. 소금과 라드 외의 그 어떤 다른 물질도 개입할 수 없다. 프로슈토 디 파르마는 오직 장인의 손길 속에서만 탄생한다.

파르마는 다른 이탈리아 도시들과 마찬가지로 중세와 근세 때 분쟁과 전쟁 속에서 지배자들이 바뀌는 혼란을 겪었다. 세속 군왕들과 군벌들에 더해서 교황까지 이곳을 탐했다. 최종 승자는 교황 바오로 3세Paulus PP. III의 사생아인 피에르 루이지 파르네세Pier Luigi Farnese(1503~1547). 그의 후손들이 18세기까지 파르마를 다스렸다.

파르마의 대권을 누가 잡건 이곳의 프로슈토들은 소금과 라드를 몸에 걸친 채 묵묵히 숙성되기를 기다렸다. 파르마를 손에 쥔 자들도 프로슈토에 대한 경의를 표했다. 파르네세 집권 초기 성대한 궁정 결혼식 잔치 메뉴에 프로슈토가 당당히 등장한다. 권좌를 물려받은 파르네세공들은 프로슈토 사랑도 이어받았다. 18세기에는 돼지 뒷다리 햄 생산을 위해 파르마에 돼지 도축장 두 군데를 새로 건설했다.

파르네세 가문의 대가 끊기고 파르마의 통치자가 바뀐 후에도 이 도시의 프로슈토 품질과 품격에는 전혀 변화가 없었다. 파르마가 자기 영토라고 주장하는 자 그 누구도 함부로 건드릴 수 없는 전문가 집단이 버티고 있었다. '아르테 데이 라르다롤리Arte dei Lardaroli'(라드 업자 길드)는 중세 때부터 '아르테 데이 베카이Arte dei Beccai'(도축업자 길드)로부터 독립해서 염장 햄 제조를 책임졌다. 프로슈토 디 파르마에서 소금 뿐만 아니라 라드가 얼마나 중요한지를 이 길드의 이름이 증언한다.

시대가 바뀌며 '아르테 데이 라르다롤리'를 비롯한 중세 길드들은 해체되었고, 독립 국가 파르마는 이탈리아에 편입되었

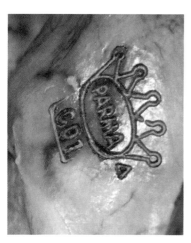

'프로슈토 디 파르마'에 찍힌 왕관 표시

으며, 두 차례의 세계대전을 겪은 후 새로운 세계 질서가 구축되던 1958년에 이탈리아는 유럽 연합의 회원국이 되었다. 21세기로 들어오자 유럽의 채식주의자들은 목소리를 높였다. 하지만 프로슈토 디 파르마는 강력한 자기 통제로 자신의 위상을 지켜냈다.

프로슈토 디 파르마는 제조법은 물론이고 돼지 사육지부터 최종 뒷다리 햄의 무게까지, 생산지의 정확한 범위와 공인 생산자 명단까지, 모든 것을 1963년에 결성된 생산자 조합이 제정하고 유럽 연합이 보호하는 규정에 따른다.

피를 짜낸 돼지 뒷다리가 소금과 라드, 바람과 시간과 사귄 후 탄생되는 프로슈토 디 파르마에는 왕관 표시가 찍힌다. 모든 햄 중의 왕임을 선포하는 이 표시 속에는 '파르마'의 이름이 자랑스럽게 찍혀 있다.

피로 얼룩진 도시의
또 다른 이름

그단스크 구도심 부두

그단스크의 이름은 역사의 흐름에 따라 여러 번 바뀌었다.
독일식 이름 단치히와 폴란드식 이름 그단스크.
그러나 나치 만행의 결과로 그 이름은 영원히 사라진다.
폴란드가 그 어떤 독일의 흔적도 남겨두지 않았으므로.

그단스크Gdańsk 구도심 부두에서 가장 눈에 잘 띄는 것은 붉은색 원형 건물 두 개를 양쪽에 거느린 채 우뚝 솟아 있는 검은색 구조물이다. 폴란드 내륙에서 싣고 온 곡물들을 이곳에서 배에 싣던 15세기 크레인이다.

이 고색창연한 크레인이 분주히 돌아가던 시대에 도시 경제를 주도한 사람들은 독일인들이었다. 이 도시의 독일식 이름은 '단치히Danzig'. 단치히에서 곡물을 실은 배들은 뤼베크(돈 7장 참조) 등 한자 동맹 도시들로 출항했다.

독일인들의 입김이 강하긴 했어도 단치히는 폴란드 땅의 도시였다. 폴란드 왕이 단치히에 자유 도시로서 자치권을 수여했고, 도시 정부는 폴란드 왕에게 협조했다. 무역항 단치히는 폴란드 경제의 숨통이었다. 오랜 세월 동안 이 도시 시민들은 폴란드 왕이 보장하는 자치와 자유를 조심스레, 또한 소중히 지켜나갔다. 그러나 단치히/그단스크의 한쪽 이름을 잘라내려는 시도가 18세기 말에 시작된다.

18세기 중반부터 독일어권 유럽 최고의 군사력을 자랑하던 프로이센. 이 나라의 왕 프리드리히 2세Friedrich II(1712~1786)는 폴란드를 둘러싼 두 강국 오스트리아와 러시아를 부추겨 폴란드를 '분할'했다. 프리드리히 2세가 챙겨간 폴란드 땅에는 단치히/그단스크도 포함되

그단스크 구도심 부두에 있는 크레인

었다. 1793년에 그단스크라는 이름은 지워진 채 단치히는 프로이센에 편입되었다. 그것은 시민들이 원했던 바가 아니었다. 이 도시를 '단치히'로 부르는 독일인들도 자유 도시로서의 자치와 독립을 지켜보려 시도했다. 그러나 이들의 뜻을 존중해줄 폴란드 왕국은 더 이상 존재하지 않았다.

　폴란드 분할로 프로이센의 덩치를 두 배로 키워놓은 프리드리히 2세는 계몽 군주로도 유명하다. 그는 낡은 풍습과 미신을 걷어내고, 자연 법칙에 따른 합리적인 통치를 추구했다. 계몽 군주 프리드리히 2세는 폴란드인을 야만인으로 단정했다.

"폴란드 민족은 천성이 열등하다. 독일 민족은 천성이 우월하다. 따라서 독일이 폴란드를 지배하는 것은 자연 법칙에 맞는다."

폴란드 '분할'을 주도한 사람으로서는 지극히 편리한 논리였다.

프로이센 주도로 독일은 19세기에 통일됐다. 통일된 독일은 20세기 초에 유럽 이웃들과 제1차 세계대전을 벌이다 패배한다. 패전국 독일이 백 년 넘게 지배하던 폴란드를 토해내자, 단치히는 다시 폴란드 도시 그단스크가 됐다. 승전국들은 그단스크/단치히에 사는 독일인들을 배려해서 '자유 도시'라는 중세 시절을 연상시키는 특별 지위를 부여했다.

'역사의 시계를 그렇게 되돌릴 수 있나?' 1930년대부터 독일을 주도한 정치 세력은 단치히와 폴란드 반환에 극력 반대했다. 이들이 추종하는 국민 사회주의 독일 노동자당(나치스)은 프리드리히 2세의 계몽주의처럼 자연법칙을 신봉했다. 강한 인종이 약한 인종을 지배하고, 약한 인종은 멸종되는 것이 자연의 이치임을 확신했다.

이들도 프리드리히 2세처럼 폴란드인을 몹시 경멸했다. 폴란드 인종은 대표적인 '열등 인간'. '우등 인간'인 독일인의 지배를 받아야 마땅했다. 이들은 자연법칙을 철저히 실현할 각오가 되어 있었다.

"열등한 인간들은 멸종되어야 한다. 잡초나 다름없는 그들을 폴란드 땅에서 뽑아내고 거기에 우월한 독일 인종을 심어야 한다."

1939년 9월 1일, 독일은 폴란드를 전격 침공한다. 그와 함께 제2차 세계대전이 개시되었다. 군사적으로 맞수가 안 되던 폴란드는 쉽게 무너졌다. 그단스크의 이름은 다시 단치히로 바뀌었다. 독일군은

단치히를 점령한 후 연설하는 히틀러(1939년 9월 19일)

단치히에 진주하자마자 1천 500명의 '열등 인간' 폴란드인을 색출해
총살했다.

당연한 말이지만 사망자들은 전혀 열등한 존재가 아니었다. 폴란
드 혈통의 교사, 종교인, 언론인 등 폴란드인의 지도자들이었다. 먼
저 지식인들을 제거한 후 나머지 폴란드인들은 그야말로 열등한 상
태로 만들어 노예로 부려서 멸종시키는 것, 그것이 그들의 작전이
었다.

그단스크에서 시작된 폴란드인 학살은 온 나라로 확산되었다. 학
살 대상은 이내 지식인에서 일반 서민과 농민들까지 확대되었다. 독

일군에 저항하건 안 하건 무차별적으로 죽었다. 1945년 독일이 연합군에게 무릎을 꿇을 때까지 이들이 죽인 폴란드 사람의 수는 수백만 명에 육박한다. 폴란드 전역은 외세에 학살당한 폴란드인들의 피로 물들었다.

무장하지 않은 양민을 대수롭지 않게 죽이는 것은 아무리 '우월한' 독일국민사회주의자(나치스트)라도 왠지 께름칙하기 마련. 냉정한 이성이 이끌지 않으면 해낼 수 없는 과업이다.

"잔인하다고? 맞아. 하지만 자연법칙은 원래 잔인해."

폴란드 인종 청소를 기획 주도한 하인리히 힘러Heinrich Himmler(1900~1945)는 이렇게 말하며 부하들을 독려했다.

그러나 힘러가 믿었던 자연법칙은 그를 배반했다. 독일이 패배하자 단치히는 다시 그단스크가 되었고, 그 도시에 살던 독일인은 모조리 추방되었다. 그들이 떠난 자리는 폴란드 사람들로 채워졌다.

그단스크는 이름부터 시작해서 독일인의 흔적을 철저히 지웠다. 15세기에 독일인 상인들이 만들어놓은 검은 크레인은 제2차 세계대전 때 반 이상 파괴되었다. 새롭게 복원한 크레인은 폴란드 민족의 '해양 박물관'에 포함되었다.

가장 귀한 피,
가장 귀한 술

부르고뉴 대공 궁전

부르고뉴 지방의 와인은 최고의 품질을 자랑한다.
하지만 헌신의 자세로 수도사들이 정성스럽게 담근 포도주와
오늘날의 포도주는 그 맛과 향이 같을 리 없다.

와인 애호가들이 가장 선호하고, 따라서 가장 값이 비싼 포도주는 프랑스 부르고뉴Bourgogne 지방에서 나온다. 부르고뉴의 중심 도시 디종Dijon에서 코트 드 본Côte de Beaune까지 50킬로미터되는 거리 안에 최고급 부르고뉴 와인 '그랑 크뤼Grand Cru' 원산지가 집중되어 있다. 디종에서 출발하는 '그랑 크뤼' 와인 투어는 이 도시만이 제공할 수 있는 문화 체험 관광 상품이다.

　부르고뉴 그랑 크뤼 와인 중에는 '클로clos'라는 말이 들어가 있는 브랜드가 많다. '클로'는 중세 때 수도원들이 담장으로 보호한 포도밭을 지칭한다. 수도사들에게 포도주는 생활의 음료이기도 했으나 영혼의 양식을 충전하는 종교예식에 반드시 필요한 필수품이었다.

　수도사들은 매일 미사를 집전했다. 미사의 정점이자 핵심은 성만찬Eucharist(성찬식). 예수 그리스도가 십자가 수난을 받기 전 마지막 만찬에서 당부한 예배 방식이다. 성만찬에서 함께 먹는 빵은 십자가에서 찢긴 예수의 살이요 함께 마시는 포도주는 예수가 흘린 피다. 가톨릭 교리에 의하면, 피의 '상징'이 아니라 실제로 그 순간 예수의 살과 피가 거기에 와있다. 이렇듯 포도주는 수도자들에게 절대적으로 중요한 음료이기에 수도원들은 늘 포도 재배에 공을 들였다.

　수도사들은 포도밭을 보호하기 위해 담장을 쌓아 막았다. 부르고

부르고뉴 지방의 한 포도원

뉴 수도사들은 그 지역 토양의 특성에 맞는 포도 품종을 재배했다. 잘 빚은 포도주는 지하 창고에 보관했다. 부르고뉴 그랑 크뤼는 이 두 가지 대원칙에 따라 오랜 세월 조금씩 진화했다.

수도원 이름을 딴 명품 포도주들이 모여 있는 부르고뉴는 중세 프랑스 및 유럽 수도원 문화의 중심지였다. 10세기에서 12세기까지 부르고뉴의 클뤼니 수도원(발 1장 참조)과 시토Cîteaux 수도원은 포도주 양조를 비롯한 로마 제국이 남겨준 학문과 기술을 보존하고 응용하는 중세 기독교 문명의 인큐베이터였다. 두 수도원은 일련의 자매 내지는 부속 수도원들을 낳았다. 이들 수도원의 포도주 생산 역량은 증가했고 수도원 포도주의 명성은 널리 전파되었다. 디종에서 가까운 시토 수도원은 포도주 개발에 있어서는 경쟁자인 클뤼니를 앞섰다. 오늘날 디종에서 본까지 그랑 크뤼 원산지들 터전의 상당수는 시토 수도사들의 손길로 다져졌다.

디종은 부르고뉴공이 다스리는 영토의 수도였다. 14세기부터는 프랑스 왕실 한 축이 부르고뉴공 자리를 계승하며 프랑스 왕에 버금가는 부와 권력을 누렸다. 디종 시민들도 부르고뉴공의 보호하에 윤택한 삶을 즐겼다. 14세기에서 15세기까지, 부르고뉴공은 부르고뉴 외에도 브뤼헤(피 1장 참조)를 비롯한 저지대 지방에서 라인강 유역까지 넓게 펼쳐진 땅을 다스렸다. 디종은 같은 언어를 쓰는 프랑스의 타 지역은 물론, 부르고뉴공이 다스리는 유럽 다른 지역에서 오고 가는 물건과 사람들로 늘 벅적거렸다.

디종의 부르고뉴공 만찬장에는 파리의 프랑스 왕도 부러워할 만큼 근사한 음식이 넘쳐났다. 그 전통은 오늘날까지 이어져서 디종은 프랑스 고급 요리의 원조임을 자부한다. 좋은 음식에는 좋은 포도주를 곁들여야 제격이다. 부르고뉴공과 디종의 상류층들은 프랑스 왕도 마음 놓고 즐기지 못하는 고급 부르고뉴 포도주를 물처럼 마셨다. 부르고뉴공은 이 지역의 포도주 생산을 장려하기 위해 타 지역 포도주 수입을 금지했다.

부르고뉴공들이 15세기 말에 프랑스 왕실에 주권을 빼앗기고 역사의 무대에서 사라진 후로도 부르고뉴 포도주의 인기는 변함이 없었다. 프랑스 대혁명 직전까지 부르고뉴 수도원들은 와인 명가의 지위를 꿋꿋이 유지했다.

프랑스 혁명은 모든 것에 종지부를 찍었다. 혁명의 이념 '자유, 평등, 박애'는 가톨릭교회의 사제와 수도사들에게는 적용되지 않았다. 혁명 세력은 모든 교회 재산과 수도원을 몰수했다(물 4장 참조). 수도사들은 수도원에서 쫓아내거나 살해했다. 돈이 궁한 혁명 정부는 수도원 포도밭을 일반 시민에게 헐값에 넘겼다. 포도밭은 이후 시대를 거치며 상속과 매매를 통해 점차 작은 규모로 쪼개졌다.

부르고뉴 명품 와인 중 하나인 '클로 드 부조Clos de Vougeot'는 혁명 이전에는 부조 수도원 수도사들이 가꾸던 51헥타르의 포도밭에서 산출되었다. 오늘날 이 브랜드를 사용할 권리는 약 80명의 재배업자가 공유한다. 이들은 모두 원산지 통제법에 따라 '클로 드 부조'라는 이름을 쓸 수 있으나, 종교적 헌신의 자세로 포도밭을 관리하던 수도사들의 '클로 드 부조'와는 그 맛과 향이 같을 리 없다.

수도사들을 추방하고 이들의 포도밭을 나눠 가진 시대가 있었다면, 수도사들의 영성을 조롱하는 일종의 '와인 종교'가 수도원 포도주를 접수한 시대도 있다. 1934년, '와인잔 기사 형제단Confrérie des Chevaliers du Tastevin'이라는 괴상한 이름의 민간단체가 '클로 드 부조' 수도원 건물터에서 발족했

부르고뉴 명품 와인 '클로 드 부조'

다. 미국에도 지회를 둔 이 고급 와인 클럽은 '포도주의 신 바쿠스 Bacchus'의 이름으로 새로운 회원을 환영한다.

우리 시대에 바쿠스를 섬기는 고급 와인 애호가들에게 부르고뉴 그랑 크뤼는 그저 비싸고 좋은 술일 뿐이다. '남들은 못 마시는 이 귀한 술을 내가 마시다니!' 감사의 대상은 늘 자기 자신뿐이다.

'클로 드 부조'를 주조하던 수도사들에게 포도주는 술이자 그리스도의 피였다. 이들은 포도밭을 가꾸고 포도주를 만들며 인간을 위해 피를 흘린 하느님의 아들에게 감사했다.

CODE 7

꿈

그의 꿈은
탐험 그 너머의 구원

항구 도시 제노바

🌙   콜럼버스를 위대한 탐험가로 기억하는 사람은 많아도
기독교 예언가로 알고 있는 사람은 드물다.
신대륙 발견은 그에게 신성한 종교적 임무였다.

제노바의 꿈은 당찼다. 지중해 동편은 베네치아가 장악했으나 서편은 자신들이 지배하길 원했다. 같은 꿈을 꾸던 이웃 공화국 피사를 제치고(돌 3장 참조) 제노바의 꿈은 실현되는 듯했다. 14세기에서 16세기까지 제노바 전성기의 별칭은 '바다의 지배자'. 근대가 열리며 원대한 꿈이 점차 왜소한 현실로 바뀔 무렵에도 제노바는 18세기 말까지 독립 공화국의 지위를 지켰다.

제노바가 낳은 사람들도 당찬 꿈을 실현했다. 제노바 공화국의 땅이던 모나코를 자신들의 영토로 삼아 대대손손 왕 노릇을 한 그리말디 가문(돈 6장 참조), 바이올린 하나를 들고 전 유럽을 정복한 파가니니(돈 7장 참조) 등 앞서 이 책에서 만났던 이들 중에는 제노바 출신이 많다.

제노바의 아들 중 한 사람은 제노바 공화국의 야심과 전혀 다른 차원의 엄청난 꿈을 꾸었다. 그의 꿈을 제노바는 감당할 수 없었다. 이탈리아어로 그의 이름은 '크리스토포로 콜롬보Cristoforo Colombo'. 그를 신대륙 탐험가로 고용한 스페인 사람들 발음으로는 '크리스토발 콜론Cristóbal Colón', 영어로는 '크리스토퍼 콜럼버스Christopher Columbus'(1451~1506). 제노바 청년 '크리소토포로'의 성은 신대륙의 도시, 지방, 심지어 국가의 이름이 되었다.

콜럼버스의 아버지는 제노바와 제노바 공화국 소유의 항구 도시

제노바에 있는 크리스토퍼 콜럼버스의 생가

인 사보나Savona와 제노바를 오고가는 양모 상인이었다. 가난하지는 않았지만 부유한 귀족 가문도 아니었다. 그의 생가 건물은 구도시 방벽 바로 바깥에 있다. 당시는 중산층의 거주지였다. 작지도 크지도 않은 석조 건물로, 17세기에 파괴된 것을 18세기에 복원했다. 1451년에 태어난 콜럼버스는 이곳에서 네 살부터 열아홉 살까지 살았다.

성인이 된 콜럼버스가 바다와 본격적으로 친숙해지기 시작한 것은 제노바의 귀족 가문인 첸투리오네Centurione에 고용된 이후이다.

그는 당시 제노바가 다스리던 그리스의 섬들로 사업차 출장을 다녔고, 북유럽에 물품을 운송하는 배에 동승하기도 했다. 그는 첸투리오네 가문 대리인 자격으로 스물여섯 살 때 포르투갈 리스본으로 이주한다. 그곳에서는 아우 바르톨로메오Bartolomeo가 지도 제작 가게에서 일하고 있었다. 포르투갈은 한창 지도를 만들어 대양으로 진출하고, 탐험하며 지도를 수정하던 중이었다(돈 4장 참조).

리스본에서 콜럼버스는 포르투갈 여인과 결혼한 후, 30대에는 포르투갈 상인으로 변신해 서아프리카 무역선을 탄다. 이때 포르투갈 배를 몰며 최신 항해술을 연마했다. 동생이 제공하는 지도들을 면밀히 검토했고, 여행기와 과학 서적들을 탐독했다. 두 형제는 동방으로 가는 새로운 항해 루트를 찾아볼 궁리를 한다.

이 당시 콜럼버스 형제와 비슷한 생각을 하던 이가 있었다. 피렌체 천문학자 파올로 달 포초 토스카넬리Paolo dal Pozzo Toscanelli는 포르투갈 왕에게 아프리카 대륙을 돌지 않고 대서양을 관통하면 훨씬 더 쉽게 동방에 도달할 수 있을 것이라고 충고했다. 그러나 왕은 토스카넬리의 의견을 일축했다. 소신을 굽히지 않은 그는 같은 이탈리아인 콜럼버스에게 자신의 지도를 보내준다.

마침 그때 포르투갈 배들이 아프리카를 돌아 아시아로 가는 항로를 개척했다. 해양 선진국 포르투갈에서 콜럼버스가 꿈을 펼칠 기회는 사라졌다. 그 사이 포르투갈인 아내도 죽었다. 미련 없이 그는 새로 이베리아반도를 통일한 스페인 왕실을 찾아간다. 이후의 역사는 우리에게도 너무나 잘 알려져 있다.

콜럼버스의 꿈은 새로운 항로 개척에만 국한되지 않았다. 신대륙 항해를 여러 차례 완수했음에도 정작 큰 재산은 모으지 못한 채 스페인에 돌아와 실망스런 시간을 보냈다. 그리고 그는 1501년에 『예언의 책Libro de las Profecías』을 썼다.

지금까지 나의 항해는 모두 성령이 인도하신 것이다.

콜럼버스는 스페인 왕실이 자신의 탐험을 통해 신대륙에 거대한 영토를 얻게 된 것은 예수의 재림을 예비하기 위함이라 믿었다.

신대륙의 수많은 영혼이 예수를 받아들일 것이다. 그다음은 아시아인과 무슬림, 마지막으로 유태인까지 개종시키면, 지구상의 천년 왕국이 시작될 것이다.

콜럼버스는 이 책을 완성하고 그 이듬해인 1506년, 스페인 바야돌리드에서 죽었다. 약 반세기가 흘러 1550년, 이 도시에서는 신대류 원주민들의 몸과 영혼을 철저히 유린하는 스페인 사람들을 규탄하는 라스 카사스와 그를 반박하는 토론회가 열린다(피 2장 참조).

콜럼버스를 기념하는 조형물은 전 세계에 널려 있으나, 제노바에 특히 많다. 콜럼버스 본인은 제노바를 떠난 후로는 다시 고국을 찾지 않았다. 그러나 후손들은 그를 다른 도시에 뺏길 마음이 없었다. 1846년에 세운 아쿠아베르데 광장Piazza Acquaverde의 기념비가 가장

제노바 아쿠아베르데 광장의 콜럼버스 기념비

유명하지만, 그 외에도 콜럼버스를 기념하는 동상, 흉상, 조각, 미술 작품은 제노바에 열아홉 개가 더 있다.

제노바와 기타 유럽 및 신대륙 도시들에 있는 숱한 콜럼버스 기념물이 그를 기독교 예언가로 기억하는 경우는 없다. 동상과 기념패가 칭송하는 인물은 대항해 시대의 영웅 탐험가 콜럼버스다. 그의 탐험은 잘 알려진 과거의 역사적 사실이다. 이 세상이 새 하늘과 새 땅으로 변하리라는 콜럼버스의 꿈이 이루어질지는 미래만이 안다.

긴 궁전,
짧은 권세

정원 쪽에서 바라본 베르사유 궁전

베르사유 궁전은 파리 시민과 법관들의 간섭에서 벗어나
자기 뜻대로 통치하고 싶었던 루이 14세의 꿈이었다.
그러한 베르사유는 상트페테르부르크와 포츠담을 낳았다.

파리 관광 코스에 빠짐 없이 끼어 있기 마련인 베르사유의 넓고 긴 궁전을 둘러보려면 끝없이 몰려드는 단체 관광객의 물결에 시달릴 각오를 해야 한다. 이 도시와 궁전을 건축한 왕이 혹시 살아서 다시 돌아온다면 펄쩍 뛸 상황이다.

'내가 전 세계에서 몰려온 별의별 얼굴색의 오합지졸에게 구경거리가 되라고 이 궁을 지었나?'

루이 14세Louis XIV(1638~1715)가 멀쩡한 루브르궁을 놔두고 이곳에 새로 궁을 지은 이유는 파리의 인파에 질렸기 때문이다. 그때나 지금이나 재미있는 일이 많은 그 도시를 왜 싫어했을까? 루이는 아직 어릴 때 파리의 시민과 법관들이 왕권에 도전하는 혁명 사태를 겪었다. 미성년자 왕은 루브르궁에 가택 연금 상태로 여러 달을 보내기도 했다.

"내가 성인이 되면 파리를 떠날 것이다. 그리고 말 많은 법관들과 파리 시민들 눈치 보지 않고 내 뜻대로 통치할 것이다."

루이 14세는 23세가 되던 해인 1661년, 오랜 세월 어린 왕을 대신해 실질적으로 나라를 주무르던 마자랭Cardinal Jules Mazarin(1602~1661) 추기경이 사망하자 곧장 행동에 들어갔다. 갈 곳은 이미 마음속에 점찍어놓았다. 부친 루이 13세가 사용하던 사냥터 베르사유. 자신이

어릴 때 자주 가봤던 곳이고, 파리에서 너무 멀지도 너무 가깝지도 않아 위치가 적합했다. 이 터에 습지가 많이 섞여있다는 게 문제이기는 했다. 그러나 젊은 왕은 이미 찬란한 궁전과 수려한 정원이 들어설 신도시를 꿈꾸고 있었다.

"이곳에서 나는 유럽 최고의 궁을 짓고 최고의 권력자로서 모든 영광을 누리리라."

왕의 명령을 거역할 자는 없었다. 토목 공사를 시작했으나 완공까지는 첩첩산중, 온갖 난관이 공사를 가로막았다. 숱한 노동자들이 죽어나갔다. 건축비도 만만치 않았다. 1670년대에는 국가의 수입에서 5퍼센트 정도를 매년 베르사유 건설에 투입해야 했다. 그렇게 돈을 퍼부었어도 1682년이 되어서야 왕은 이곳에 입주할 수 있었다. 1680년대 내내 건축비 때문에 진 빚을 계속 갚아나가야 했다.

어마어마한 스케일의 석조 건물과 화려하기 이를 데 없는 장식, 수많은 손이 가야 유지되는 거대한 정원.

"이런 궁을 짓는데, 그 정도 돈이 드는 것은 당연하지 않나? 또 이 위대한 공사를 하는데, 아랫것들이 좀 죽는 거야 불가피한 일 아닌가?"

온갖 아첨꾼이 즐비한 베르사유궁에서 '태양왕'의 이러한 반문에 감히 이견을 낼 사람은 없었다.

왕이 상주하는 궁궐 곁으로 다른 귀족들도 하나둘씩 모여들었다. 루이 13세가 사냥터로 사용하던 시절에 인구 1천 명 정도의 작은 마을이었던 베르사유는 루이 14세가 사망한 해인 1715년에는 3만 명이 거주하는 도시로 변모했다.

아폴로 분수에서 바라본 베르사유궁과 정원

오래된 도시를 떠나 신도시에 엄청난 궁을 지어 백성 위에 군림하려 한 루이 14세의 꿈. 그 꿈을 담은 베르사유를 다른 나라 왕들도 한없이 부러워했고 열심히 모방했다.

러시아의 표트르Pyotr 대제(1672~1725)는 사냥터였던 시절의 베르사유보다 훨씬 더 열악한 땅에 새로 석조 도시 상트페테르부르크Sankt Peterburg를 건설하고 1712년에 수도를 모스크바Moskva에서 그곳으로 옮겼다. 이곳에 거주할 궁전을 짓고 '몽플레지르Mon plaisir'(나의 기쁨)로 명명했다. 표트르는 이 궁을 유럽인들이 '러시아의 베르사유궁'으로 불러주기를 기대했다. 상트페테르부르크 건설은 베르사유궁 공사에서 죽은 인원보다 수십 배 더 많은 목숨을 앗아갔으나,

표트르 대제가 그런 사사로운 문제에 흔들릴 사람은 아니었다.

프로이센의 프리드리히 2세도 권세를 만천하에 과시하려는 야심에 있어서는 루이 14세든, 표트르 대제든, 그 누구에게도 밀릴 사람이 아니었다(피 6장 참조). 그는 베를린에서 약간 떨어진 포츠담Potsdam에 베르사유궁을 닮은 궁을 지어 '상수시Sanssoucci'(근심거리 없는)라고 이름 붙였다. 상수시궁을 지은 프리드리히 2세는 1747년에 궁을 완공한 후에도, 그 전이나 마찬가지로 주변 왕국들과 끝없이 전쟁을 벌였고 많은 이들에게 많은 근심거리를 듬뿍 선물했다.

루이 14세, 표트르 대제, 프리드리히 2세는 모두 화려한 궁전을 건축하는 데 들인 돈의 몇 배 되는 거금을 전쟁에도 소비했다. 프리드리히 2세와 표트르 대제는 전쟁 덕에 알짜배기 땅들을 차지했다. 루이 14세가 전쟁으로 늘린 땅은 들인 돈과 노력에 비할 때 그다지 만족스러운 규모는 아니었다.

루이 14세의 대를 이은 프랑스 왕들이 베르사유의 궁궐이나 즐기며 소일했다면 프랑스 왕국의 수명은 좀더 오래 갔을 법하다. 그런데 전쟁이 늘 문제였다. 프리드리히 2세와 영국 연합군과 싸운 '7년 전쟁'에서 루이 15세는 치명적인 피해를 입었다. 유럽 대륙 전쟁에서는 겨우 체면치레는 했지만 북미 대륙에 프랑스가 개척해놓았던 '누벨 프랑스Nouvelle-France'(뉴프랑스New France)를 고스란히 영국에 빼앗겼다. 루이 16세는 숙적 영국과 영국의 식민지 미국 사이에 전쟁이 터지자 미국을 적극 거들었으나, 막상 실속은 챙기지 못한 채 나라 빚만 잔뜩 늘려놓았다.

상트페테르브르크의 몽플레지르 궁전

　루이 16세는 1789년 5월, 재정이 파탄 날 지경에 이르자 베르사유궁에서 할 수 없이 '삼부회États Généraux'를 소집한다. 그렇게 시작된 프랑스 혁명은 베르사유를 절대 권력의 본거지로 삼으려 했던 루이 14세의 꿈에 종지부를 찍었다. 그해 가을, 왕은 성난 군중에게 붙잡혀 베르사유에서 파리로 끌려왔다. 1793년 1월, 파리에 잡혀 있던 루이 16세는 '시민 루이'로 강등되어 단두대에서 목이 잘렸다.

　루이 16세를 끌어낸 혁명 군중들은 우리 시대에는 관광객 군중으로 대체되었다. 왕과 왕의 가족이 살던 침실과 거실은 세계 여행객의 눈요깃거리로 전락했다.

경건한 전쟁광,
그가 낳은 도시

시청사가 보이는 예테보리의 일몰

스웨덴 왕은 예테보리를 분명한 목적을 가지고 탄생시켰다.
북해를 주름잡는 프로테스탄트 강국의 교두보.
그의 꿈을 반쯤 기억하는 이 도시는
오늘날 산업과 예술의 중심 도시가 되었다.

1621년 6월 4일. 스웨덴 예테보리Göteborg는 생일이 분명한 도시다. 이 도시를 낳은 사람은 스웨덴 왕 구스타브 2세Gustav II(구스타브 아돌프Gustav Adolf, 1594~1632). 도시의 '아버지'는 스웨덴 예타Göta강이 북해로 빠지는 하구에 태어난 이 항구 도시가 스웨덴이 북해를 주름잡는 강국이 되기 위한 교두보가 되기를 기대했다.

예테보리는 스웨덴 도시이지만 네덜란드인이 건설했다. 독일인과 스코틀랜드인도 도시 개발에 적극 참여했다. 초기에는 도시 건설에 공로가 컸던 네덜란드인의 입김이 매우 강했다. 스웨덴인이 도시의 권력을 장악한 것은 1650년대 이후의 일이다.

구스타브 2세는 스웨덴 발전에 크게 기여한 왕임이 틀림없다. 그를 칭송하는 이들은 다른 나라에도 많다. 그가 '30년 전쟁'의 영웅인 까닭이다. 독일에서 가톨릭 합스부르크 제국과 개신교 왕들이 싸우는 전쟁에 구스타브 2세는 자신의 스웨덴 정예 부대를 끌고 개입했다. 군기가 세고 새로운 전법을 숙달한 스웨덴군은 개신교 세력에게는 매우 값진 전투 자산이었다.

독일어권 유럽에서 벌어진 내전에 왜 스웨덴 왕이 끼어들었을까? 난리를 틈타 북해 연안을 스웨덴 영토로 만들려는 꿈도 분명히 있었다. 그러나 독실한 개신교도였던 그는 '적그리스도' 세력인 가톨릭군을 무찌르는 것을 자신의 신성한 사명이라 믿었다.

예테보리를 만들며 네덜란드, 북부 독일, 스코틀랜드에서 기술자와 상인들을 불러들인 것도 단지 이 나라들이 스웨덴보다 기술 수준이 앞섰기 때문만은 아니었다. 모두 같은 개신교 진영이라는 점이 무엇보다도 중요했다. "진정한 기독교인 개신교를 받아들인 나라들이 서로 연대해 유럽을 가톨릭으로부터 구하자!" 이것이 그의 원대한 꿈이었다.

구스타브 2세는 30년 전쟁 기간인 1632년, 독일 작센 지방 뤼첸Lützen에서 전사했다. 몸을 사리지 않고 앞장서 부대를 지휘하다 무참히 살해되었다. 개신교도에게 그는 위대한 영도자이자 순교자였다. 그의 적들 눈에 그는 악랄한 전쟁광에 불과했다.

세기가 바뀐 후 가톨릭 교도였던 영국의 시인 알렉산더 포프Alexander Pope(1688~1744)는 구스타브 2세를 알렉산더 대왕급에(돌 1장 참조) 올려놓기는 했으나 평가는 냉혹했다.

> 마케도니아의 미친 자에서 그 스웨덴 사람까지,
> 이른바 영웅이라는 자들이 사는 목적은 괴상하게도
> 온 인류를 적으로 간주하거나 적으로 삼는 것.
> ─『인간론Essay on Man』, 편지 4번

"내가 온 인류와 싸워? 가톨릭 군대하고만 싸웠지." 구스타브 2세가 들었다면 이렇게 반박했을 것이나, 그의 종교적 명분도 이내 퇴

색했다. 구스타브 2세 사망 후 1635년부터는 가톨릭 합스부르크 제국과 맞서는 연합군에 같은 가톨릭 왕국인 프랑스가 합류한다. 프랑스의 막강한 군사력에 힘입어 30년 전쟁은 30년을 꼬박 채우고 나서야 끝났다.

　30년 전쟁 이후로 스웨덴은 명분은 어찌됐든 실리는 착실히 챙겼다. 스웨덴은 발트해 최대 강국으로서 부상했고, 에스토니아Estonia를 비롯한 북부 유럽의 넓은 땅을 차지했다. 구스타브 2세의 꿈 한쪽은 실현되는 듯했다. 그러나 스웨덴 제국의 수명은 100년을 채 넘기지 못했다. 러시아의 표트르 대제(꿈 2장 참조)를 비롯한 이웃 나라

구스타브 아돌프 광장에 서있는 구스타브 2세의 동상

왕들이 합세해 스웨덴을 공격했다. 스웨덴의 영토는 다시 원래 스칸디나비아반도로 줄어들었다. 구스타브 2세에게 그토록 소중했던 개신교 국가 간의 유대도 이 시대에는 더 이상 유효하지 않았다.

스웨덴의 운명이 부침하는 동안 예테보리는 무럭무럭 자라났다. 생일도 매년 기억했다. 그러나 자기 아버지의 동상을 도시에 세우는 자식다운 도리에는 오랫동안 소홀했다. 크느라 너무 바빠서였던 걸까? 19세기에 예테보리는 번잡한 공장 도시 겸 무역항으로 급속히 팽창했다. 1800년에 불과 1만 3천 명이던 인구가 1900년에는 열 배로 불어났다. 1854년, 부랴부랴 도시 계획과 정비에 나선 도시 정부는 행여 도시의 역사가 잊힐까 가장 큰 광장을 '구스타브 아돌프 광장'으로 개명하고 거기에 구스타브 2세의 동상을 세웠다.

예테보리를 대표하는 기념물은 구스타브 아돌프 동상일까? 그래야 옳겠지만, 20세기에 강력한 라이벌이 등장한다. 예테보리는 1921년에 아직 개발되지 않았던 외곽 지대에 '예타플라센Götaplat-sen'(예타 광장) 건설에 착수한다. 1923년에 개최할 이 도시의 300회 생일잔치 때까지 공사를 끝내고 예테보리 미술관을 개관할 계획이었다. 미술관은 제때 완공되었으나 광장은 아직 텅 비어 있었다.

그로부터 8년 후, 이 광장을 접수한 자는 뜻밖에도 그리스 신화에 나오는 바다의 신 포세이돈이었다. 스웨덴 조각가 칼 밀레스Carl Milles(1875~1955)가 1931년에 완성한 이 동상은 나체의 근육질 남성이 한 손에는 물고기를, 다른 손으로는 바다 고둥을 들고 있는 모습이다. 물고기는 입에서 분수를 내뿜는다.

포세이돈 분수대가 있는 예타 광장

예테보리를 낳은 아버지는 경건한 개신교도 구스타브 아돌프. 자기 이름을 따른 광장 한가운데 정장 차림에 근사한 깃털 모자를 쓰고 서 있다. 그러나 그가 성적 매력을 물씬 풍기는 누드의 이교도 신 포세이돈과의 인기 경쟁에서 이길 도리가 있을지.

종이의 꿈,
꿈의 종이

샤랑트강이 흐르는 앙굴렘

> 국제 만화 축제 덕에 알려진 프랑스의 앙굴렘,
> 샤랑트 강변에서 성장한 종이와 인쇄술의 도시는
> 두 젊은이의 꿈을 그린 발자크 소설의 배경이다.

때는 19세기 초, 장소는 앙굴렘Angoulême 한구석에 있는 낡은 인쇄소 겸 주택. 인쇄된 종이가 널려 있고, 인쇄기가 돌아가기는 하나 일감은 많지 않고, 수입은 초라하다.

인쇄소 사장은 젊은 청년. 인쇄소는 부친의 소유였다. 부친은 지독한 구두쇠다. 읽지도 쓰지도 못하지만 사업 수완이 좋아 인쇄소를 운영하며 제법 돈을 모았다. 그러나 그 돈은 한 푼도 자식에게 줄 뜻이 없다. 외아들을 파리에 보내 최신 인쇄 기술을 배우게 한 것, 그것으로 자기 할 일은 다했다고 자부한다.

부친은 인쇄소를 아들에게 물려주었을까? 아니다. 돈 받고 팔았다. 기계며 공장이며 공장에 붙은 집이며, 실제 가치보다 훨씬 더 비싼 값을 받았다. 아들이 그 대금을 낼 능력이 있었나? 그럴 리 없다. "아들아, 괜찮다. 할부로 지불하면 된단다." 이렇게 너그러운 부친이 어디 또 있을까?

사업을 떠넘기고 현찰을 챙긴 부친은 도시 밖 시골로 은퇴해 포도밭을 가꾸며 자기가 빚은 포도주를 마음껏 마시며 유유자적한다. 물론 탐욕스런 영감이라 아들이 제때 돈을 줄까 하는 걱정에 마음이 늘 편하지는 않다.

구두쇠 아버지의 아들 이름은 다비드 세샤르David Séchard. 그는 과

오노레 드 발자크, 『잃어버린 환상들』 속표지
(아드리앵 모로, 1897년)

학에 심취해 있다. 다비드는 고등학교 때부터 알던 친구 뤼시앙 샤르동Lucien Chardon을 식자공으로 데려다놓고 봉급을 주고 있다. 뤼시앙은 가난했으나 꽃미남 문학청년이다. 그의 예쁜 얼굴과 고운 손은 육체노동에 전혀 어울리지 않는다. 둘은 틈만 나면 서로의 꿈을 얘기하며 멋진 미래를 구름 위에 그려본다. 뤼시앙의 꿈은 자신이 종이에 쓴 시가 출판되어 유명한 문인으로 인정받는 것, 다비드의 꿈은 훌륭한 종이를 싸게 만드는 공법을 개발해 특허를 얻는 것이다.

이 둘의 꿈이 과연 실현될까? 두 인물이 나오는 소설의 제목은 『잃어버린 환상들Illusions perdues』(1843년), 작가는 오노레 발자크Honoré de Balzac(1799~1850)로, 철저한 사실주의를 추구한 소설가다. 제목이 예고한 대로, 냉혹한 현실은 이들의 꿈을 '환상'으로 바꿔놓는다.

뤼시앙은 자신과 문학적 취미가 비슷한 앙굴렘의 귀부인과 연인 사이가 되지만, 둘이 파리로 도주한 후 귀부인과의 관계는 바로 끝난다. 홀로 대도시에 버려진 뤼시앙은 자기가 쓴 원고를 들고 출판사 문들을 두드리지만 반응은 냉담하다. "뭐? 시집이라고? 그걸 누가 사나 요즘에?"

생활고에 시달리던 뤼시앙은 문인으로 출세할 꿈을 일단 유보하고 신문과 잡지에 돈 받고 글을 파는 프리랜서 저널리스트로 전락한다. 그는 쉽게 번 돈을 쉽게 써버린다. 그것도 모자라 다비드의 이름을 위조해 가짜 어음까지 발행해 돈을 만든다.

앙굴렘에서 인쇄소를 힘겹게 유지하던 다비드는 뤼시앙의 여동생 에브Ève와 결혼한다. 그는 실험에 실험을 거듭한 끝에 꿈의 종이를 만들어 낸다. 그러나 그는 자신의 기술을 앙굴렘의 경쟁업자에게 헐값에 넘기고 만다. 친구이자 처남인 뤼시앙이 위조한 어음이 그의 몰락에 결정적으로 기여한다.

제지와 인쇄가 주요 소재인 이 소설은 3부작으로, 1부와 3부의 무대가 앙굴렘이다. 앙굴렘과 종이는 인쇄술이 도입되기 전부터 끈끈한 관계를 맺고 있었다. 샤랑트Charente강을 낀 앙굴렘의 풍족한 물과 이 도시가 위치한 프랑스 남서부의 온화한 기후는 종이를 만드는 데 아주 좋은 자연조건이었기에, 14세기부터 제지 산업이 앙굴렘에서 꽃피었다. 앙굴렘 종이는 프랑스 전역에서 인정받는 최상품이던 차에, 인쇄술까지 도입되며 종이 생산지 곁에서 글을 인쇄하는 사업도 이 도시에서 발전했다.

종이와 인쇄의 도시 앙굴렘은 종이에 인쇄한 글들이 촉발한 종교 전쟁 당시, '위그노Huguenot'(칼뱅파 신교도)와 가톨릭 세력이(돌 5장, 불

2장 참조) 서로 차지하려고 애를 쓴 요충지였다. 16세기 후반에 종교 전쟁이 터지기 전에도 앙굴렘은 종교와 정치가 뒤섞인 프랑스의 분란과 인연이 있었다. 파리에서 가톨릭교회 개혁을 주장하던 장 칼뱅은(물 6장 참조) 자신을 체포하려는 움직임을 감지하고 앙굴렘으로 피신했다. 그는 1533년에서 1534년까지 1년간 앙굴렘 근교에서 칩거하며 저서 집필에 전념했다. 앙굴렘 대성당 고위 성직자 중 하나가 그의 생각에 동조하는 친구였기에 이곳으로 온 것이다.

발자크의 『잃어버린 환상들』에서 앙굴렘은 경직된 귀족들의 도시로 묘사된다. 고지대에 자리 잡은 앙굴렘 사람들은 바로 밑 샤랑트 강변 동네 '루모l'Houmeau'를 깔본다. 이곳은 상인들과 노동자들이 사는 지역으로, 문자 그대로 '아랫것들'의 도시다. 빈곤한 뤼시앙의 본가는 루모에 있다. 빚더미에 올라앉아 있기는 해도 인쇄소 사장인 다비드는 '윗 도시' 앙굴렘에 산다.

오늘날 앙굴렘에서는 '루모'와 '앙굴렘'을 더 이상 구분하지 않는다. 한 도시로 통합된 앙굴렘은 아담하고 아름답다. 고지대이건 저지대이건, 샤랑트강 지역에서 캐어낸 밝은 석재들로 지은 집들이 정갈하게 물길처럼 도시를 감싸고 있다.

종이의 도시 앙굴렘은 20세기에는 만화의 도시로 변신했다. 앙굴렘에는 종이 박물관도 있지만 '만화 박물관'이 유명하다. 이곳에서 1974년부터 매년 '앙굴렘 국제 만화 축제'가 열린다. 이 축제에서 수여하는 가장 명예로운 상의 명칭은 '앙굴렘시 그랑프리Crand Prix de la ville d'Angoulême'.

2013년 앙굴렘 국제 만화 축제

꿈의 종이를 발명하려 했던 다비드와 상상력의 나래를 종이 위에 펼치던 뤼시앙의 고향 앙굴렘은 이제 종이 만화에 담긴 꿈같은 이야기들의 본향이 되었다.

늘 함께하는,
늘 떠나는

온천 휴양 도시 바덴바덴 전경

"클라라는 내게 이미 와 있는 천국이야."
온천 휴양 도시 바덴바덴은 명사들이 모이던 유럽의 여름 수도,
이곳에서 클라라와 브람스는 서로에게 쉼터였다.

이 음악을 잘 이해하고 거기에 대해 멋진 말을 할 사람들은 나 외에도 많지만, 그것을 나처럼 깊이 느낄 사람은 없어. 내 영혼의 가장 깊은 곳, 가장 연한 곳이 이 음악에 전율하거든.

이런 글을 편지에 쓴 사람은 당대 최고의 피아니스트 클라라 슈만 Clara Schumann(1819~1896). 그녀의 편지를 받은 사람은 당대 최고의 기악 음악 작곡가 요하네스 브람스Johannes Brahms(1833~1897). 브람스가 자신이 새로 작곡한 〈바이올린 소나타 1번 G장조 Op. 78〉 악보를 보내자, 피아노로 연주해본 클라라는 자신이 받은 감동을 이렇게 편지로 전했다.

두 사람은 사랑하는 사이였나? 육체적 관계가 사랑의 증거라면 '아니다'가 답이다. 그렇지만 둘은 감성과 음악으로 맺어진 특별한 사이였다. 두 사람은 서로를 지칭할 때 친한 사이에서만 쓰는 2인칭 대명사 'du'를 썼다. 클라라가 자기 가족 외에 다른 남자에게 이 대명사를 쓰는 경우는 브람스가 유일했다. 브람스는 클라라를 만난 후 평생 독신으로 살았다.

나는 그녀에게 빠져 있다네. 나는 이제 젊은 처녀를 사랑하기

클라라 슈만, 1857년

는 어려울 것 같아. 젊은 여인들은 천국을 약속할 뿐이지만 클라라는 이미 와 있는 천국이니까.

브람스는 14년 연상인 클라라를 만난 지 1년 후 친구에게 이렇게 심정을 토로했다. 처음 만난 날부터 43년간 이 두 음악가의 우정은 이어졌다. 클라라가 1896년 숨을 거두자, 브람스도 그다음 해에 세상을 떠났다.

클라라의 심금을 울린 브람스의 〈바이올린 소나타 1번 G장조〉의

1악장은 연상의 여성 피아니스트에 대한 작곡가의 이룰 수 없는 사랑의 멜랑콜리한 꿈을 표현하는 듯하다. 다소 소심한 목소리로 시작하는 바이올린은 이내 피아노의 넓고 따뜻한 품에 안기며 자신감을 얻더니 뚜렷이 주제를 고백한다. 피아노도 이에 화답한다. 그러다가 다시 거리를 둔 채 때로는 머뭇거리고 때로는 단호하게, 때로는 차분하고 때로는 격정적으로, 바이올린과 피아노, 두 사람은 함께, 그러나 따로, 화성의 만남을 이어간다.

브람스가 클라라 슈만을 처음 만났을 때 그의 나이는 20세였다. 젊은 작곡가는 자기가 쓴 곡들을 들고 클라라와 그녀의 남편인 작곡가이자 음악 평론가 로베르트 슈만Robert Alexander Schumann(1810~1856)을 예방했다. 부부는 젊은이의 음악과 성품에 즉각 매료되었다. 남편은 자신이 추구하는 음악 성향에 딱 맞았기에 브람스를 반겼다. 부인도 그의 음악에 매력을 느꼈으나 이 젊은 남성의 청순함에도 마음이 끌렸다.

남편 슈만은 그때부터 급속히 건강이 악화되었다. 정신 질환을 앓던 그는 3년 후인 1856년에 사망했다. 젊은 청년 작곡가는 미망인 클라라를 위해 모든 것을 바쳤다. 클라라는 브람스를 전적으로 신뢰했다. 가정사나 본인의 음악 활동에서 클라라는 고민거리가 생길 때면 늘 브람스와 상의했다.

클라라는 브람스가 아니더라도 뭇 남성들이 흠모하고 경탄해 마지않던 놀라운 음악인이었다. 유럽 최고의 콘서트 피아니스트로서 여러 도시 여러 무대에서 여러 작곡가들의 곡을 연주하던 그녀는 '피아니스트들의 여왕'으로 칭송되었다. 클라라는 브람스가 없어도 얼마든지 본인의 삶을 챙길 능력이 있는 독립적인 여성이었다. 그러나 브람스와 기회만 되면 만났고, 늘 편지를 주고받았다. 왜 그래야 했을까? '사랑'이라는 말 외에 다른 대답이 있을까?

클라라와 브람스는 서로 활동 반경이 달라 계속 함께할 수는 없었지만, 바덴바덴Baden Baden에서 많은 시간을 함께 보냈다. 바덴의 슈바르츠발트(발 6장 참조) 북쪽에 위치한 온천 휴양 도시 바덴바덴은 19세기에 유럽의 명사들이 모이는 '유럽의 여름 수도'라고 불렸다. 클라라는 1862년 바덴바덴에 집을 한 채 샀다. 연주 여행을 다니지 않을 때는 이곳에서 자녀들과 지냈다. 브람스는 1865년에 클라라가 있는 곳 근처에 집을 얻었다. 독신 브람스는 그다지 큰 집이 필요하지 않았다. 바덴바덴에 상주할 수는 없었으나, 그는 클라라가 있는 바덴바덴에 가능한 한 자주, 또한 가급적 오래 머물렀다.

바덴바덴의 클라라 집에 들르는 손님들은 늘 거기서 브람스를 만날 수 있었다. 마치 그 집 식구처럼 거실에 앉아 클라라와 함께 피아노를 치기도 하고, 그녀의 자녀들과 친근하게 담소를 나눴다. 그러나 늘 브람스는 밤이 되면 그 집을 나와야 했다. 쓸쓸한 발길을 돌려 자신의 거처로 돌아갔다. 사랑하는 이를 곁에서 지켜주지만, 그 사랑은 그 어떤 육체적, 물질적, 사회적 이득으로도 환원되지 않았다.

브람스가 1874년까지 사용하던 바덴바덴의 주택은 현재 '브람스 하우스Brahmshaus' 박물관으로 보존되어 있다. 클라라가 살던 집은 문패에만 그 사실이 적혀 있다. 사저로 사용되기에 들어가 볼 수는 없다. 브람스하우스에서 클라라의 저택까지 거리는 대략 1킬로미터. 가깝고도 먼 거리다.

클라라를 감동시킨 브람스의 〈바이올린 소나타 1번 G장조〉는 1879년 본Bonn에서 초연되었다. 초연 당시 연주자들은 부부 사이였다. 남편은 바이올린, 부인은 피아노. 이 연주자 부부에게는 육체와 정신, 생활과 음악 사이에 간극이 없었다. 이들이 연주한 곡의 작곡가가 피아니스트 클라라 슈만에게 바친 사랑은 음악으로, 염원으로, 신의로, 그리움으로 채색된 사랑의 꿈이었다.

르네상스 도시의
형이상학적 꿈

에스테 가문의 성 '카스텔로 에스탄세'

데 키리코에게 페라라는 형이상학적 도시,
그의 그림에 도시의 현실은 나타나지 않지만,
과거와 현재는 색채를 통해 중첩되어 있다.

조르조 데 키리코Giorgio de Chirico(1888~1978)의 그림들에는 도시가 자주 등장한다. 그러나 도시의 정체를 파악하기는 쉽지 않다. 제목을 안다고 해도 별 도움이 안 된다. 1914년 작품 〈몽파르나스 역(우울한 출발)Gare Montparnasse(The Melancholy of Departure)〉에서 당시 파리 몽파르나스 역의 우아한 원형 아치나 삼각형 지붕의 조화로운 자태, 바글거리는 이용객은 전혀 찾아볼 수 없다. 대신 적막한 콘크리트 기둥들과 경사진 평면이 화폭을 지배한다.

그가 그린 도시들의 윤곽은 뚜렷하다. 지나치게 선명하다. 직선과 곡선이 공간을 나누고, 건물의 형태도 분명하다. 모네가 화폭에 담으려고 씨름했던 빛도(돌 5장 참조) 데 키리코는 직설적으로 처리한다. 햇빛은 자신의 존재를 노란색과 검은 그림자의 대조로 입증한다. 데 키리코의 도시는 비어 있다. 사람이 간혹 보인다 해도 개미처럼 작다. 그림자를 등 뒤에 달고 있으니 산 사람이기는 하나, 살아 있음을 감지하기 어렵다. 데 키리코의 도시는 도시의 꿈, 꿈꾸는 도시다.

데 키리코라는 인물도 실제 도시 한곳에 묶어두기 쉽지 않다. 그가 태어난 곳은 그리스, 그림을 처음 배운 곳은 아테네Athina, 자신만의 예술 언어를 찾기 시작한 곳은 뮌헨이다. 그의 황량한 도시 그림들을 생산하기 시작한 곳은 피렌체, 그가 화가로 인정받고 정착한

조르조 데 키리코, 〈몽파르나스 역(우울한 출발)〉, 1914년

곳은 파리, 파리 외에도 로마와 뉴욕에 거주한 기간들이 길다.

이 유명 도시들은 미술가라면 당연히 들르거나 거주할 법한 곳들이다. 데 키리코와 인연을 맺은 도시가 하나 더 있다. 페라라Ferrara. 자그마한 도시지만, 그에게는 매우 특별한 곳이다.

파리에서 활동하던 데 키리코는 1914년 제1차 세계대전이 터지자 조국을 도우려 이탈리아로 귀국해 군에 지원한다. 신체검사를 해보니 그의 몸은 전선에 투입할 상태가 못 되었다. 대신 후방 페라라의 병원에 배정된 화가는 이곳에서 전쟁이 끝날 때까지 4년의 시간을 고스란히 보냈다.

데 키리코는 페라라에 매료되었다. 파리에 있는 친구들에게 보낸 편지에서 페라라의 '아름다운 멜랑콜리'와 '치명적인 아름다움'이 위로가 된다고 썼다. 전쟁이 끝나 페라라를 떠난 후 1920년에 발표한 수필에서 그는 페라라를 '고도로 형이상학적인 도시'라고 칭찬했다.

'형이상학'? 무슨 철학을 염두에 둔 말은 아니다. 그는 페라라가 '형이상학적 도시'인 이유를 다음과 같이 설명한다.

"이 도시는 놀랄 거리가 많다. 근사한 유령들이 출몰하고 섬세한 아름다움 속에 중세가 아직 살아 있음을 감지할 수 있다."

페라라의 '형이상적' 매력은 과거와 현재가 겹쳐 있는 역사성이다. 그가 근무했던 페라라의 '산탄나Sant'Anna' 병원도 당시에는 아직 15세기에 건축한 모습을 유지하고 있었다. 페라라는 자치 도시 자격을 13세기 후반에 상실하였으나, 도시를 다스린 에스테Este 가문은 자신들의 궁궐만 치장한 것이 아니라, 도시 전체를 아름답게 가꾸는 데도 열심이었다.

페라라의 전성기인 15세기에 르네상스 예술가들과 문인들은 에스테 가문의 후원을 받아 이곳에 거주했다. 15세기 페라라는 당시 이탈리아 도시 중 '상위권'에 당당히 진입해 있었다. 도시의 권력을 쥐고 있던 에스테 가문의 대가 16세기 말에 끊기고 교황청 영토로 편입되자, 페라라는 쇠퇴의 길에 접어들었다.

데 키리코는 '형이상학적 도시' 페라라를 어떻게 그림에 담았을까? 그의 몽환적 도시 풍경은 이제껏 현실의 도시와는 별 친분관계가 없었다. 그러나 페라라는 그의 화폭에 새로운 활력을 불어넣었다.

조르조 데 키리코, 〈불안하게 하는 뮤즈들〉,
1916~1918년

페라라에 머물 때 데 키리코가 그린 〈불안하게 하는 뮤즈들Le Muse inqui-etanti〉은 그의 대표작 중 하나로 꼽힌다. 이 그림에 페라라가 등장할까? 페라라의 산탄나 병원, 길거리를 오고 가며 재잘거리는 페라라 사람들, 광장에서 빠져나가는 골목길들? 사람 사는 도시 페라라의 현실은 이 그림에 나타나지 않는다. 보행자는 단 한 사람도 없다. 산 사람의 그림자조차 허용되지 않는다. 그림 전면은 두 형상이 차지한다. 등을 돌린 채 서 있는 조각, 앞을 보고 앉아 있는 조각. 둘 다 사람 머리 대신 원형 물체를 고개 위에 얹고 있다. 이 둘이 '뮤즈'다.

그림은 이 '인물'들과 더불어 하나의 도시 공간을 표현한다. 햇빛은 붉은 주황색으로 바닥을 채색하며, 그림자로 한쪽을 덮었다. 같은 주황색을 따라 시선을 그림 후면으로 옮긴다. 그 지점에는 중세의 '근사한 유령'이 버티고 있다. 바닥의 주황색과 같은 색. 건물은 실제 모습 그대로다. 데 키리코의 몽환적인 화폭에 이 정도로 현실을

카스텔로 에스텐세로 이어지는 페라라의 중심 도로

구체적으로 포함시킨 경우는 이제껏 없었다. 데 키리코로서는 이 도시에 대한 경의를 최대한 표현한 것이다.

주황색 성은 페라라의 지배자 에스테 가문이 지었던 '카스텔로 에스텐세Castello Estense'. 시민들이 봉기해서 자신들의 궁으로 쳐들어오면 피신해서 이들을 진압할 용도로 14세기에 지었다. 데 키리코 그림 속에서 '카스텔로 에스텐세' 옆으로 왼쪽에는 두 개의 굴뚝이 솟아 있다. 산업화된 근대를 상징한다. 굴뚝의 색은 '카스텔로'의 색과 같다. 과거와 현재는 색채를 통해 서로 교류한다.

데 키리코의 〈불안하게 하는 뮤즈들〉에서 근대 페라라는 중세 페라라를 꿈꾸고 있다. 아니면 중세 페라라가 근대 페라라를 꿈꾸고 있는지도 모른다.

천년 동안 못 이룬
유럽인의 꿈

해 질 녘 메스의 전경

프랑스와 독일의 만남과 충돌이 반복되던 메스는
이 둘을 화해시킬 정치가 한 사람을 배출한다.
유럽연합의 초석을 마련한 로베르 슈만.
이름조차 성은 독일식, 이름은 프랑스식으로 발음한다.

메스Metz(독일어로는 '메츠')는 프랑스와 독일이 서로 만나고 충돌해 온 로렌Lorraine의 중심 도시다. 메스가 도시로 변하는 시점에서 만남 과 충돌의 주역은 로마 군대와 갈리아인들이었다. 기원전 1세기 중 반, 율리우스 카이사르Julius Caesar의 갈리아 원정대는 오늘날 프랑 스 땅을 두루두루 정복한 후 모젤Moselle강까지 진격해 이 지역을 평 정한다.

카이사르는 자신이 정복한 갈리아인의 땅을 로마 공화국에 선물 한 후 로마 최고의 권력자로 등극할 꿈에 부풀었다. 하지만 그는 그 꿈을 못 이룬 채 암살자들의 칼을 맞고 숨을 거두었다. 그의 조카가 로마 최초의 황제가 되기는 했으나, 황제가 다스리는 로마 제국도 유럽에서는 그로부터 400여 년 후 패망의 길에 접어들었다.

로마 제국 멸망 후 유럽이 다시 하나로 통합될 기회는 9세기에 프 랑크족 장군 샤를마뉴Charelmagne(742?~814)와 함께 찾아왔다. 그는 이교도들을 무찌르고 프랑크족에 도전하는 타 종족들을 제압해 유 럽 땅에 기독교가 번성할 기반을 확보했다. 로마의 교황은 그에게 '로마인들의 황제' 칭호를 수여했다. 그가 다스리는 서유럽은 '신성 로마 제국'으로 불렸다.

한 황제와 한 교황 밑에서 모두 평화롭게 살려는 꿈은 꿈으로만 그쳤다. 신성 로마 제국의 영토는 카이사르가 정복한 갈리아보다 더 넓었다. 이 넓은 제국을 한곳에서 다스리는 중앙 정부는 존재하지 않았다. 각 지역마다 실질적인 통치자가 따로 있었다. 이들이 서로 다툴 이유는 넘치도록 많았다.

샤를마뉴 가문 안에서도 평화가 오래 유지되지 못했다. 그의 세 손자들은 서로 잔혹한 전쟁을 벌인 끝에 제국을 분할하기로 합의한다. 서쪽 땅은 이후에 프랑스로, 동쪽은 독일이 된다. 메스가 위치한 프랑스와 독일 지역 사이 영토는 샤를마뉴와 프랑크족 왕실의 본거지였기에 장자의 몫이었다.

메스의 주교는 전통적으로 샤를마뉴 가문과 유대 관계가 밀접했다. 메스는 샤를마뉴가 건설한 제국의 주요 도시로서 초기 중세 기독교 문명을 선도했다. 샤를마뉴가 프랑스와 독일 두 역사 공통의 뿌리이듯, 메스는 두 문화가 겹쳐 있는 독특한 개성을 키워나갔다. 정치적으로도 프랑스나 독일 그 어디에도 속하지 않은 자주권을 중세 시대 내내 유지했다.

16세기에 이르러 프랑스와 독일을 함께 포용하던 메스는 프랑스 세력권에 흡수된다. 이후 몇 백 년간 프랑스어권 도시로 정착되어가던 메스는, 1871년 프랑스가 최신형 대포로 무장한 독일군에 패배하자 이번에는 독일 제국의 도시가 된다. 독일 제국은 이 도시의 다수를 이루는 프랑스어를 쓰는 독일계 시민들의 어중간한 정체성을 독일 민족주의로 세척해 말끔한 독일 도시로 변모시킬 꿈을 꿨다.

독일이 제1차 세계대전에서 패배하자(피 6장 참조), 메스는 다시 프

1552년 메츠에 입성하는 프랑스 앙리2세

랑스 도시가 된다. 그로부터 약 20년 후 제2차 세계대전을 일으킨 독일은 육군과 공군의 막강한 전력으로 프랑스를 압도한다. 메스는 다시 독일 도시가 된다.

전쟁과 전쟁 사이에서, 프랑스에서 독일로, 다시 독일에서 프랑스로, 또다시 프랑스에서 독일로 국적이 바뀌는 혼란을 겪던 메스. 이 도시는 독일과 프랑스를 화해시키는 데 결정적으로 기여한 위대한 정치가 한 사람을 배출한다. 로베르 슈만Jean-Baptiste Nicolas Robert Schuman(1886~1963). 이름은 프랑스식, 성은 독일식으로 발음한다. 슈만은 룩셈부르크Luxemburg에서 태어났으나 메스에서 중등학교를 다

유럽연합의 초석이 된 1950년 5월 9일의 '슈만 선언'

넜고 독일에서 대학 교육을 받았다.

　슈만은 독일에서 돌아와 스트라스부르Strasbourg 대학에서 법학박사 학위를 받은 후 메스에 변호사 사무실을 차렸다. 메스를 기반으로 슈만은 제1차 세계대전 이후 프랑스의 촉망받는 정치인으로 부상했다. 제2차 세계대전 종전 후 슈만은 프랑스의 재무 장관, 외무부 장관, 수상으로 활약했다.

　독일에서 공부했고, 독일과 프랑스가 겹쳐 있는 메스 출신 슈만 장관은 독일과 프랑스가 서로 다시는 싸우지 않을 방법을 찾아내는 데 골몰했다. "두 나라가 경제석 이익의 공동체를 구성한다면? 그래서 함께 번영의 길로 나아간다면? 경제 공동체는 정치와 법률의 공동체로 발전할 수 있다. 유럽이 공유하는 공통의 정신이 그렇게 이끌고 갈 것이다.”

이러한 신념은 철저한 역사의식에 기반을 둔 것이었다. 전쟁의 상처가 다 아물지 않은 1949년, 슈만은 다음과 같이 선포했다.

우리는 지금 위대한 실험을 하고 있습니다. 천 년 동안 유럽인들이 계속 꿈꿨던 바를 실현하려 합니다. 그 꿈은 전쟁을 종식하고 영원한 평화를 보장하는 기구를 만드는 것입니다.

슈만의 장기는 웅변보다는 실천력이었다. 그의 헌신적이고 현명한 활동 덕분에 유럽 통합의 꿈을 실현할 기반이 마련되었다. 유럽연합은 그를 창시자 중 한 사람으로 추앙한다.

유럽의 미래를 구상한 ‘유럽 연합의 아버지’는 유럽의 과거에도 충실했다. 샤를마뉴의 종교는 그의 종교였다. 독실한 가톨릭 신자인 슈만이 보기에 유럽 정신의 핵심인 민주주의와 인권은 예수가 가르친 이웃 사랑의 동의어였다.

메스 외곽 시샤젤Scy-Chazelles에는 슈만이 1924년 메스에서 변호사로 활동하던 시절에 구입한 아담한 사저가 있다. 현재는 ‘로베르 슈만 센터’ 박물관Maison de Robert Schuman으로 운영되고 있다. 그의 유해는 본인의 유언대로 이 마을 자그마한 교회에 안치되었다.

여행을 끝맺으며

이제 독자와 헤어질 시간이 왔다. 7개 코드와도 작별할 시간이다. 여행 도중 많은 도시들과 대화했다. 그리고 이제는 우리가 사는 이 땅의 도시들로 돌아왔다.

이 책에서 다녀온 작은 도시들은 결코 작지 않다. 도시들이 간직한 기억과 전통의 풍성함은 공허한 고층건물의 메마른 영혼과는 비교할 수 없이 크다. 없는 자에게도 열려있는 광장과 길거리, 입장료 없는 박물관급 교회들이 여행객을 반기는 도시들.

유럽 소도시들은 이름이 다르듯 얼굴도 다르다. 그 어떤 도시도 다른 도시와 똑같이 생기지 않았다. 이들은 큰 도시 흉내 내느라 성형수술 칼을 얼굴에 대는 일도 없다.

개성은 살아있는 자만의 특권이다. 죽음은 항상 똑같은 얼굴이다. 그러나 살아있기만 할 뿐 죽음을 모르는 도시는 개성이 없다. 오래된 이 도시들은 죽음을 품고 살기에 더욱 매혹적이다. 한두 세대도 아니고 한두 세기도 아닌 숱한 시대, 숱한 삶들의 낙엽이 져서 쌓이고 또 쌓인 거대한 역사의 가을. 그러나 풋풋한 역사의 봄.

유럽 도시들은 예쁜 건물과 멋진 광장이다. 그리고 그것 이상이다. 유럽 도시는 음악이다. 도시의 크고 작음이 문제되지는 않는다. 때로는 대규모 오케스트라가 만든 화음이 왜소할 수 있고, 홀로 연주하는 독주 악기의 울림이 우주를 움직일 수도 있다.

모든 음악은 끝나기 위해 시작한다. 한 음악의 끝은 다른 음악의 시작. 음악은 순수한 과정 그 자체다. 끝을 향하는, 끝을 두려워하지 않는 아름다운 여정.

음악과도 같은 유럽 도시의 역사는 그 시작과 전개, 발전과 역전, 마지막 피날레까지, 작곡된 악보대로 연주된다. 죽음과 파괴, 전쟁과 재난, 착취와 전염병은 이 음악에 불가피하게 섞여 있는 불협화음이다. 음악은 다시 이어지고 화성은 회복된다. 상처로 깊어진 선율은 더 깊은 감동을 선사한다.

이 책의 유럽 도시 역사기행도 음악이다. 책은 여기서 끝나지만, 독서의 끝이 독자들의 새로운 시작이 되기를 기원하며, 손을 놓는다.

참고문헌

1. 도서

Abert, Hermann. *W. A. Mozart*. Trans. Stewart Spencer. Ed. Cliff Eisen. Yale University Press, 2006.

Ackroyd, Peter. *Venice: Pure City*. Vintage, 2010.

Balzac, Honoré de. *Illusions perdues*. Ed. Daniel Mortier. Pocket, 1991.

Baug, Daniel. *The Global Seven Years War 1754-1763*. Longman, 2011.

Beard, Mary and Henderson, John. "With this Body I Thee Worship: Sacred Prostitution in Antiquity." *Gender and History,* volume 9, 1997: 480-503.

Beaulieu, Marie-Anne Polo de. *La France au Moyen Âge: De l'An mil à la Peste noires (1348)*. Les Belles Lettres, 2004.

Belchem, John. *Irish, Catholic and Scouse: The History of the Liverpool-Irish, 1800-1939*. Liverpool University Press. 2007.

Blackbourn, David. *History of Germany 1780-1918: The Long Nineteenth Century*. Wiley-Blackwell. 2nd edition. 2002.

Boccaccio, Giovanni. *Decameron*. Ed. Vittore Branca. Einaudi, 1956.

Briggs, Robin. *Early Modern France 1560-1715*. Oxford University Press, 1977.

Brown, Andrew. *Civic Ceremony and Religion in Medieval Bruges c.1300–1520*. Cambridge University Press, 2011.

Buddgen, Julian. *Puccini: His Life and Works*. Oxford University Press, 2006.

Burkholder, J. Peter et al. *A History of Western Music*. W. W. Norton, 2006.

Caesar, Julius. *Seven Commentaries on the Gallic War*. Trans. Carolyn Hammond. Oxford University Press, 1996.

Calmette, Joseph. *Les Grands Ducs de Bourgogne*. Albin Michel, 2014.

Cannon, John ed. *The Oxford Companion to British History*. Oxford University Press, 2002.

Chabannais, Oscar. *Petite Histoire d'Angoulême*. Editions des Régionalisme, 2014.

Chateaubriand, François-René, vicomte de. *Mémoires d'Outre-Tombe*. Gutenberg.org, 2008.

Crow, John A. *Spain: The Root and the Flower: An Interpretation of Spain and the Spanish People*. University of California Press, 1985.

Cunningham, Lawrence. *Saint Francis of Assisi*. Photographs by Dennis Stock. Harper & Row, 1981.

Dante. *La Commedia secondo l'antica vulgata*. Vol. 2: *Inferno*. Ed. Giorgio Petrocchi. Casa Editrice Le Lettere, 1994.

Dante. *La Commedia secondo l'antica vulgata*. Vol. 3: *Paradiso*. Ed. Giorgio Petrocchi. Casa Editrice Le Lettere, 1994.

Decaux, Alain. *Monaco et ses princes: Sept siècles d'histoire*. Librairie Académique Perrin, 1996.

De Chirico, Giorgio. *Scritti/1, (1911-1945), Romanzi e scritti critici e teorici*. Ed. A. Cortellessa. Bompiani, 2008.

De Ridder-Symoens, Hilder ed. *A History of the University in Europe: Vol. 1, Universities in the Middles Ages*. Cambridge University Press, 1992.

Dormandy, John. *A History of Savoy: Gatekeeper of the Alps*. Fonthill Media, 2018.

Ellmann, Richard. *James Joyce*. Oxford University Press, 1982.

Epstein, Steven. *Genoa and the Genoese, 958-1528*. The University of North Carolina Press, 2001.

Ewert, Ulf Christian and Stephan Selzer. *Institutions of Hanseatic Trade*: *Studies on the Political Economy of a Medieval Network Organisation*. Peter Lang, 2016.

Fletcher, Richard. *Moorish Spain*. University of California Press, 2006.

Frisch, Walter and Kevin C. Karnes ed. *Brahms and His World*. Princeton University Press, 2009.

Frugoni, Chiara. *Vita di un uomo: Francesco d'Assisi*. Einaudi, 1995.

Giannetti, Stefano e Vincenzo. *Firenze città magnifica. La storia dalle origini ad oggi*.

Angelo Pontecorboli Editore, 2016.

Gilliat-Smith, Ernest. *The Story of Bruges*. Gutenberg.org, 2014.

Guichonnet, Paul. *Histoire d'Annecy*. Divers diffusés, 2000.

Holmes, George ed. *The Oxford Illustrated History of Italy*. Oxford University Press, 1997.

Holt, Mack P. *The French Wars of Religion, 1562-1629*. Cambridge University Press, 2005.

Johnson, Paul. *Mozart: A Life*. Penguin Books, 2014.

Jones, Colin. *Cambridge Illustrated History of France*. Cambridge University Press, 1994.

Jones, Colin. *The Great Nation: France from Louis XV to Napoleon*. Penguin Books, 2003.

Jones, Colin. *Paris: Biography of a City*. Penguin Books, 2004.

Kawabata, Mai. *Paganini: The 'Demonic' Virtuoso*. Boydelll Press, 2013.

Kevorkian, Tanya. "The Reception of the Cantata during Leipzig Church Services, 1700-1750." *Early Music,* vol. 30, 2002: 27–46.

Las Casas, Bartolomé de. *In Defense of the Indians*. Trans. & ed. Stafford Poole, Northern Illinois University Press, 1992.

Langford, Paul. *Eighteenth-Century Britain: A Very Short Introduction*. Oxford University Press, 2005.

Laqueur, Walter. *A History of Zionism: From the French Revolution to the Establishment of the State of Israel*. Schocken Books, 2003.

Lorimer, Colonel John G. "Why Would Modern Military Commanders Study the Franco-Prussian War?" *Defence Studies,* vol. 5, 2005: 108-23.

MacCulloch, Diarmaid. *History of Christianity: The First Three Thousand Years*. Penguin Books, 2010.

Mann, Thomas. *Buddenbrooks: Verfall einer Familie*. Gutenberg.org, 2011.

Martin, Philippe. *Metz au fil des siècles*. Du Quotidien, 2015.

Matthew, Donald. *The Norman Kingdom of Sicily*. Cambridge University Press, 1992.

Morgan, Kenneth O. ed. *The Oxford Illustrated History of Britain*. Oxford University Press, 1984.

Mumford, Lewis. *The City in History: Its Origins, Its Transformations, and Its Prospects*. Harcourt, Brace and World, 1961.

Palladio, Andrea. *I Quattro Libir dell'architettura*. Liberliber.it, 2009.

Parker, Roger ed. *The Oxford Illustrated History of Opera*. Oxford University Press, 1994.

Patterson, Mark and Nancy Hoalst-Pullen ed. *The Geography of Beer: Regions, Environment, and Societies*. Springer, 2014.

Petrarca, Francesco. *Canzoniere*. Liberliber.it, 2007.

Phillips Jr., William D. and Carla Rahn Phillips. *The Worlds of Christopher Columbus*. Cambridge University Press, 1992.

Pizzi, Roberto. *Conoscere Lucca: Storia e personaggi*. Pacini Fazzi, 2015.

Pliny the Younger. *The Letters of Pliny the Younger*. Trans. Betty Radice. Penguin Books, 2003.

Plutarch. *Fall of the Roman Republic: Six Lives by Plutarch*. Trans. Rex Warner. Penguin Books, 1972.

Pope, Alexander. *Poetical Works*. Oxford University Press, 1978.

Prak, Maarten. *The Dutch Republic in the Seventeenth Century*. Trans. Diane Webb. Cambridge University Press, 2005.

Prazmowska, Anita J. *A History of Poland*. Palgrave Macmillan, 2011.

Ridler, Morgan. "Fatal Ferrara: De Chirico in Ferrara". Academia.edu, 2008.

Rollo-Koster, Joëlle. *Avignon and Its Papacy, 1309–1417: Popes, Institutions, and Society*. Rowman & Littlefield Publishers, 2015.

Roper, Lyndal. *Martin Luther: Renegade and Prophet*. Random House, 2017.

Roth, François. *Robert Schuman 1886-1963: Du Lorrain des frontières au père de l'Europe*. Fayard, 2008.

Strabo. *Geography, Volume II: Books 3-5*. Trans. Horace Leonard Jones. Harvard University Press, 1923.

Tacitus. *The Agricola and the Germania*. Trans. H. Mattingly. Penguin Books, 2010.

Toussaint-Samat, Maguelonne. *History of Food*. Trans. Anthea Bell. Blackwell, 1992.

Tucker, Paul Hayes. *Claude Monet: Life and Art*. Yale University Press, 1995.

Vogt, John L. "The Lisbon Slave House and African Trade, 1486-1521". *Proceedings of the American Philosophical Society*, Vol. 117, 1973: 1-16.

Walters, Peter. *The Story of Coventry*. The History Press, 2014.

Wills, Gary. *Venice: Lion City: The Religion of Empire*. Washington Square Press, 2001.

Wilson, Peter. H. *Europe's Tragedy: A New History of the Thirty Years War*. Penguin Books, 2009.

Wright, Tom. *Paul: A Biography*. SPCK Publishing, 2018.

2. 인터넷 사이트

aaihs.org

archaeology.co.uk

bach-cantatas.com

bbc.com

britainexpress.com

cambridgerules1848.com

cmuse.org

dacamera.com

de.wikipedia.org

directferries.co.uk

dw.com

ecf.com

en.wikipedia.org

emmanuelmusic.org

es.wikipedia.org

fr.wikipedia.org

gambling.com

guarnieri.com

gutenberg.org

holland.com

holybible.or.kr

ilovegoteborg.se

irlandeses.org

irishcentral.com

it.wikipedia.org

jornaleconomico.sapo.pt

karlsruhe-erleben.de

padfield.com

sofialych.com

sothebys.com

spartacus-educational.com

spiegel.de

structurae.net

telegraph.co.uk

theoi.com

transportgeography.org

wikiart.org

youtube.com

인명 색인

7개 코드로 읽는 유럽 소도시

초판 1쇄 발행 2022년 1월 10일
초판 2쇄 발행 2023년 5월 10일

지은이 윤혜준
펴낸이 김종길 **펴낸 곳** 글담출판사 **브랜드** 아날로그

기획편집 이은지 · 이경숙 · 김보라 · 김윤아 **영업** 성홍진
디자인 손소정 **마케팅** 김민지 **관리** 김예솔

출판등록 1998년 12월 30일 제2013-000314호
주소 (04029) 서울시 마포구 월드컵로8길 41 (서교동 483-9)
전화 (02) 998-7030 **팩스** (02) 998-7924
블로그 blog.naver.com/geuldam4u **이메일** geuldam4u@naver.com

ISBN 979-11-87147-88-6 (03920)

책값은 뒤표지에 있습니다.
잘못된 책은 바꾸어 드립니다.

만든 사람들
책임편집 김보라 **표지디자인** 김종민 **본문디자인** 박윤희 **교정교열** 상상벼리

글담출판에서는 참신한 발상, 따뜻한 시선을 가진 원고를 기다리고 있습니다.
원고는 투고용 이메일을 이용해 보내주세요. 여러분의 소중한 경험과 지식을 나누세요.
이메일 to_geuldam@geuldam.com